SOCORRO ESPIRITUAL

40 Remédios de Deus

Padre Alberto Gambarini

SOCORRO
ESPIRITUAL

40 Remédios de Deus

Ágape

PREPARAÇÃO DE TEXTO: Silvana Cobucci
REVISÃO DE TEXTO: Luzia Santos
PROJETO GRÁFICO E DIAGRAMAÇÃO: Maurélio Barbosa
CAPA: Maurélio Barbosa | designioseditoriais.com.br
IMAGEM DE CAPA: Baseada em vetor © freepik
IMAGEM DE CONTRACAPA: © Claudinei Domingues

Todos os direitos reservados. Nenhuma parte desta obra pode ser reproduzida ou transmitida por qualquer forma e/ou quaisquer meios (eletrônico, ou mecânico, incluindo fotocópia e gravação) ou arquivada em qualquer sistema ou banco de dados sem permissão escrita da Editora.

ISBN: 978-85-86730-37-5

© Ágape, 2017
Caixa Postal 32
06850-970 – Itapecerica da Serra, SP
T 11 4667 4353
Home page: www.encontrocomcristo.org.br

Sumário

Introdução... 7
1. Remédio para encontrar Deus ou voltar para Ele........ 9
2. Remédio para vencer o medo de Deus....................... 13
3. Remédio para receber a misericórdia.......................... 17
4. Remédio para crescer na fé... 21
5. Remédio para manter a fé dos filhos........................... 25
6. Remédio para confiar na Providência Divina............... 29
7. Remédio para as tempestades da vida....................... 33
8. Remédio para a dor da separação............................... 37
9. Remédio para ser um vencedor................................... 41
10. Remédio para a solidão.. 45
11. Remédio para reagir diante da doença........................ 49
12. Remédio para recuperar a saúde................................. 53
13. Remédio para a confiança.. 57
14. Remédio para a infelicidade... 61
15. Remédio para o ressentimento.................................... 65
16. Remédio para a ansiedade.. 69
17. Remédio para a rotina.. 73
18. Remédio para sorrir.. 77
19. Remédio para viver o hoje... 81
20. Remédio para os pensamentos negativos.................. 85

21. Remédio para perdoar 89
22. Remédio para o êxito diante da vida 93
23. Remédio para a preocupação 97
24. Remédio para os problemas financeiros 101
25. Remédio para a cura dos erros do passado 105
26. Remédio para a inveja 111
27. Remédio para a falta de milagres 115
28. Remédio para os problemas 119
29. Remédio para aproveitar melhor o tempo 123
30. Remédio para a raiva 127
31. Remédio para a depressão – 1 131
32. Remédio para a depressão – 2 135
33. Remédio para os malefícios 139
34. Remédio para o entusiasmo 143
35. Remédio para a insatisfação 147
36. Remédio para a dor da morte 151
37. Remédio para a oração respondida 155
38. Remédio para a traição 159
39. Remédio para a velhice 163
40. Remédio da Eucaristia 169

Apêndice I. As cinco leis espirituais 175
Apêndice II. A oração dos cinco dedos 179
Dez passos para ser feliz, segundo o Papa Francisco 180

Introdução

Preocupe-se não com o que você tentou e falhou, mas com aquilo que ainda é possível você fazer.

João XXIII

O livro *Socorro espiritual: 40 remédios de Deus* nasceu do desejo de ajudar as pessoas a enfrentar os problemas e crises do dia a dia de um modo prático. São pequenos conselhos, com um tratamento, uma oração e a decisão de viver a graça prometida por Deus.

Quantas vezes perdemos as rédeas dos problemas e, em decorrência disso, criamos bloqueios emocionais que impedem uma solução adequada? Aí entram em cena as feridas interiores (ansiedade, depressão, sentimento de culpa, complexo de rejeição, raiva, amargura, ciúme, mentira...), que dificultam ainda mais a possibilidade de enfrentar a situação de modo positivo.

Existe saída? Sim. Basta a disposição para aprender a lidar com as crises de acordo com os ensinamentos de Jesus. Ele nos diz: "**No mundo haveis de ter aflições. Coragem! Eu venci o mundo**" (Jo 16,33b). A palavra-chave é: *Coragem*. E isso significa que não estamos sozinhos em nossas lutas, que Jesus está conosco. Por isso, a questão toda está em nunca desistir de si mesmo, das pessoas ou da própria vida. O importante é não ter medo de lidar com os problemas nem de errar na busca da solução. Deus nos entende e só Ele tem o que realmente necessitamos.

O número 40 não é por acaso. Na Bíblia, é usado por Deus para preparar alguém para receber um benefício, para indicar um período de prova, de purificação, de cura e de libertação do mal. Enfim, é o símbolo da maneira como Deus age em favor do homem, mesmo quando este erra. Ao final desse tempo, vem a bênção. Assim aconteceu depois dos 40 dias do dilúvio (cf. Gn 7,4.12); Moisés permaneceu 40 dias e 40 noites na montanha onde recebeu as tábuas da lei de Deus (cf. Ex 24,18); os israelitas caminharam 40 anos pelo deserto antes de entrar na Terra Prometida (cf. Nm 14,33); em desespero, Elias caminhou 40 dias até o monte Horeb, onde foi renovado por Deus (cf. 1Rs 19,8); Jesus lutou durante 40 dias contra as tentações do demônio (cf. Lc 4,1-13); 40 dias depois da ressurreição aconteceu a Ascensão de Jesus (cf. At 1,3.10). E, por fim, o número 40 nos fala da importância da paciência para esperar a hora de Deus.

A cura de qualquer mal exige tempo e confiança na infinita bondade de Deus. Ele nunca nos deixará abandonados ao nosso próprio destino, mas sempre nos surpreenderá com as maravilhas do Seu tesouro de graças.

Minha oração é que Deus se sirva deste livro como um meio para ajudar você no caminho da cura para a vida espiritual, emocional, física, familiar, profissional ou no relacionamento com as pessoas.

Padre Alberto Gambarini

Remédio para encontrar Deus ou voltar para Ele

A alma que tem sua esperança posta em Deus não tem que temer, porque Ele vence todos os obstáculos e todas as dificuldades.

Santa Teresa dos Andes

O número de pessoas sem fé aumenta dia a dia, pelos mais diferentes motivos. Algumas pessoas imaginam que assim serão livres para desfrutar a vida. Outras correm atrás dos falsos deuses do dinheiro, do sucesso, da realização profissional... E também temos aquelas que vivem como robôs, fazendo tudo sempre do mesmo jeito, tentando assim preencher a vida sem se preocupar. Seja qual for a situação, chega um momento em que todos nós acabamos nos perguntando: o que estou fazendo da minha vida? O que está acontecendo? A resposta talvez pareça demasiado simples: de um modo ou de outro, as pessoas estão hipnotizadas pelo mundo. Ninguém mais tem tempo para si mesmo, para os outros e muito menos para Deus. O mundo tenta passar a ideia de que Deus está morto. E, como consequência, a vida deixa de ter sentido. O dinheiro, as coisas materiais, o conhecimento, o sucesso... nunca poderão nos satisfazer totalmente; sempre teremos a sensação de que algo está faltando. Por esse motivo, muitas vezes nos sentimos perdidos e sozinhos. Aí entram em cena o vazio interior, a insatisfação, a rebeldia contra todos os valores. E também surge o perigo do fundo do poço da dependência do álcool, das drogas e do sexo... Onde está a saída? Jesus diz: "**Vinde a Mim, vós todos que estais aflitos sob o fardo, e Eu vos aliviarei**" (Mt 11,28). Todos, sem exceção, podem ir a Ele e dizer: "Senhor, estou cansado de andar por tantos caminhos e não encontrar paz e esperança. Entra em meu coração e conduze-me com a Tua luz". É simples, mas funciona se realmente abrimos o coração. O "algo a mais" que falta na vida de todas as pessoas é Deus. O monge católico Thomas Merton ajuda-nos a entender por que parece difícil encontrar Deus: "A razão pela qual não costumamos experimentar a presença de Deus é porque estamos acostumados a que toda experiência nos venha de fora, e essa experiência é de dentro. Estamos voltados para o exterior, pendentes da sensação de fora, e então nos passam inadvertidos os toques e as vozes de dentro. Entregue sua pobreza ao Senhor e reconheça diante dele sua fraqueza. Quer você entenda ou não, Deus ama você, está presente em você, vive em você, chama-o pelo nome e lhe oferece uma compreensão e compaixão diferente de tudo o que você jamais encontrou numa pessoa, em algum livro ou em alguma pregação". Crie coragem e faça o caminho inverso, busque a felicidade dentro de você, e então encontrará Deus!

 TRATAMENTO: Depois de ter Jesus no coração, precisamos manter o olhar fixo Nele. Ao falar da transformação (conversão) de São Mateus, o Papa Francisco disse: "Jesus parou, não passou ao largo acelerando o passo, olhou-o sem pressa, com calma. Olhou-o com olhos de misericórdia; olhou-o como ninguém o fizera antes. E esse olhar abriu o seu coração, fê-lo livre, curou-o, deu-lhe uma esperança, uma nova vida, como a Zaqueu, a Bartimeu, a Maria Madalena, a Pedro e também a cada um de nós". Quando parecer difícil continuar na fé, lembre-se do olhar de Jesus sobre você. E, no mesmo instante, diga: "Jesus, o Teu olhar me transforma".

ORAÇÃO

Salmo 61

Só em Deus repousa minha alma,
só Dele me vem a salvação.
Só Ele é meu rochedo, minha salvação;
minha fortaleza: jamais vacilarei.

Até quando, juntos, atacareis o próximo
para derrubá-lo como a uma parede já inclinada,
como a um muro que se fendeu?

Sim, de meu excelso lugar pretendem derrubar-me;
eles se comprazem na mentira. Enquanto me bendizem
com os lábios, amaldiçoam-me no coração.

Só em Deus repousa a minha alma,
é Dele que me vem o que eu espero.
Só Ele é meu rochedo e minha salvação;
minha fortaleza: jamais vacilarei.

Só em Deus encontrarei glória e salvação.
Ele é meu rochedo protetor, meu refúgio está Nele.

Ó povo, confia Nele de uma vez por todas;
expandi, em sua presença, os vossos corações.
Nosso refúgio está em Deus.

Os homens não passam de um sopro, e de uma mentira
os filhos dos homens. Eles sobem na concha da balança,
pois todos juntos são mais leves que o vento.

Não confieis na violência nem espereis inutilmente
no roubo; crescendo vossas riquezas,
não prendais nelas os vossos corações.

Numa só palavra de Deus compreendi duas coisas:
a Deus pertence o poder,
ao Senhor pertence a bondade. Pois Vós dais
a cada um segundo suas obras.

MINHA DECISÃO

Já não ficarei longe de Deus. Buscarei de coração o alimento diário da oração com a Bíblia; participarei com o coração da santa missa aos domingos para manter acesa a chama da minha fé. E estarei atento para que o mundo não me hipnotize mais, afastando-me de Deus.

PROMESSAS DE DEUS

Procurar-Me-eis e Me haveis de encontrar,
porque de todo o coração Me fostes buscar.
(Jr 29,13)

Buscai o Senhor, já que Ele se deixa encontrar;
invocai-O, já que está perto.
(Is 55,6)

Eis o que diz o Senhor à casa de Israel:
Buscai-Me e vivereis!
(Am 5,4)

Remédio para vencer o medo de Deus

Junto ao Teu coração, Jesus, esqueço tudo o que se passa, não me apavoro com os temores da noite.

Santa Teresinha do Menino Jesus

Um bom número de pessoas tem uma ideia errada de Deus. E daí vêm o medo, a aversão e o afastamento. Quantas vezes já ouvimos expressões como "Deus ama os bons e castiga os maus"; "Se você não andar direito, será mandado para o inferno"; "Isso aconteceu em sua vida porque você deve ter feito algo ruim"... Será que Deus realmente deseja condenar a obra mais preciosa da sua criação: nós? Evidentemente que não. Nossa vida não é fruto do acaso, mas de uma chamada e de um amor pessoal de Deus. Mesmo quando os homens lhe voltam as costas, Ele continua fiel a esse amor incondicional. É o que nos demonstra a conversa de Jesus com Nicodemos: **"Pois Deus não enviou o Filho ao mundo para condená-lo, mas para que o mundo seja salvo por Ele"** (Jo 3,17). Aí está quem é Deus. Ele sabe da nossa condição de pecadores, mas nunca nos recrimina. Ele está sempre pronto a nos abraçar e a nos envolver com o seu amor. E, por isso, deseja ardorosamente nos apontar o caminho que nos faça voltar para Ele: Jesus. Quem deseja se encontrar com

Deus não precisa ficar elaborando um elenco de desculpas pelos erros cometidos. Deus já sabe de tudo, e tudo já foi colocado na cruz de Cristo no Calvário. Nossa parte é somente dizer: "Senhor, necessito da Tua ajuda para viver esta vida nova". Eis a chave da cura: ir a Jesus para manter a graça de Sua presença curadora. Jamais perderemos nossa condição de pecadores. Por esse motivo estamos unidos a Jesus, porque Sua graça é o remédio eficaz. Mas onde encontrar Jesus? O primeiro e mais importante lugar é o coração. Ele está mais próximo do que imaginamos.

Temos apenas de entrar em nosso coração, em qualquer lugar, e ouviremos sua voz doce repetindo: "Eu amo você, por isso permiti que Meu Filho morresse na cruz, para dar a você a nova vida". Se entendêssemos o que Deus é capaz de fazer com um pouco de barro e saliva (cf. Gn 27), teríamos a certeza do Seu amor. Nossos pecados, defeitos ou erros não são capazes de nos afastar de Deus. Ele pode e quer agir em nossa fraqueza, para nos dar a sua força. Mas nós precisamos manter a conexão. Como fazer isso? Por meio dos canais da graça liberados por Jesus: a oração feita com o coração, a missa participada com o coração e a confissão feita com o coração. Não tenhamos medo de nos aproximar de Deus porque Ele nos perdoa sempre. Ele não quer homens perfeitos, mas lutando a cada dia para crescer na prática do amor para com Ele, conosco e com o próximo.

TRATAMENTO: Estar atento às ideias negativas sobre Deus, para imediatamente detê-las, e tomar consciência de que Ele deseja nos visitar para nos dar a força da Sua presença amorosa. É importante alimentar-se da Palavra e dos sacramentos, especialmente da Eucaristia e da confissão.

ORAÇÃO

Prece do abandono

Meu Pai,
Eu me abandono a Ti,
Faz de mim o que quiseres.
O que fizeres de mim,
Eu Te agradeço.

Estou pronto para tudo, aceito tudo.
Desde que a Tua vontade se faça em mim
E em tudo o que Tu criaste,
Nada mais quero, meu Deus.

Nas Tuas mãos entrego a minha vida.
Eu a dou a Ti, meu Deus,
Com todo o amor do meu coração,
Porque Te amo
E é para mim uma necessidade de amor dar-me,
Entregar-me nas Tuas mãos sem medida
Com uma confiança infinita
Porque Tu és...
Meu Pai!

Charles de Foucauld

MINHA DECISÃO

Quero viver melhor a minha comunhão com Deus, não tendo medo de reconhecer a minha condição de pecador, aceitando que Ele sempre me oferece a sua misericórdia.

PROMESSAS DE DEUS

A Vossa bondade e misericórdia hão de seguir-me por todos os dias de minha vida. E habitarei na casa do Senhor por longos dias.

(Sl 22,6)

Não Vos lembreis dos pecados de minha juventude e dos meus delitos; em nome de Vossa misericórdia, lembrai-Vos de mim, por causa de Vossa bondade, Senhor.

(Sl 24,7)

Com efeito, de tal modo Deus amou o mundo [inclua você], que lhe deu Seu Filho único, para que todo o que Nele crer não pereça, mas tenha a vida eterna.

(Jo 3,16)

Remédio para receber a misericórdia

Sem Deus, o ser humano não pode compreender a si mesmo, e tampouco poderá alcançar a realização.

Padre Pio

Quando se fala de misericórdia, imagina-se sempre alguma coisa a ser feita em favor de alguém. Essa atitude nunca será realmente natural em nossa vida, se primeiro não usarmos de misericórdia com nós mesmos. À primeira vista, poderíamos dizer que isso é egoísmo. Porém, jamais seremos capazes de manifestar misericórdia por nossos semelhantes se primeiro não experimentamos a misericórdia de Deus. Na Primeira Carta de João 4,19, lemos: "**Amamos, porque Deus nos amou primeiro**". Só conseguiremos desarmar o nosso coração de toda a dificuldade com o próximo, se tivermos essa experiência do amor de Deus. Por quê? Porque só assim compreenderemos que Deus nos ama como somos, com qualidades e defeitos. Esse amor se torna o remédio para curar nossas carências afetivas, nossos medos, o ciúme, a inveja, a mentira... e tantos outros inimigos interiores. É importante abrir o coração para a misericórdia porque a misericórdia divina é mais forte que qualquer pecado ou erro cometido. A misericórdia de Deus cura as feridas, devolve a paz e dá coragem para caminhar com esperança na estrada de Jesus. Precisamos reconhecer nosso valor de filhos de Deus, com a certeza de que Deus confia em nós, mesmo quando cometemos erros. Ele sempre está pronto a nos perdoar, a nos estender a mão e a nos dar uma nova chance. Quem vive essa certeza torna-se capaz de ser misericordioso como Deus é misericordioso. Não se deixe derrotar por suas tentativas e falhas, mas reaja com aquilo que ainda é possível fazer com o auxílio de Deus. Nós ficamos nervosos ou impacientes quando as coisas não correm bem. Deus, ao contrário, nos diz: "Coragem, você errou, mas saiba que estou com você, Eu o perdoo. Vamos, recomece! Deixe-Me iluminar seus passos". Às vezes, somos iguais a um santo que fazia muitas penitências porque se sentia indigno de merecer a misericórdia de Deus. Um dia, esgotado em sua oração, disse: "Não tenho mais nada", e Deus disse: "Dá-Me os teus pecados". Não devemos esconder nossas fraquezas, justificá-las ou ignorá-las. Só precisamos entregá-las a quem pode e quer nos curar. Temos que permitir que Deus nos acaricie com Sua misericórdia. O sinal de nossa permissão é o imediato desejo de também abraçar a Deus. Isso é a conversão, a mudança de rota de nossa vida, tendo agora como destino permanente o porto seguro do amor de Deus.

TRATAMENTO: Deus não é misericordioso porque somos bons, mas porque nos ama incondicionalmente. Ele conhece a nossa miséria e, em Sua compaixão, vem até nós para tratar das feridas de nossa alma. Precisamos ter paciência com nós mesmos, confiando como São Paulo, quando Deus lhe disse: "**Basta-te Minha graça, porque é na fraqueza que se revela minha força**" (2Cor 12,9). Um dos lugares especiais para experimentar a misericórdia é o confessionário. Ele não é nem uma tinturaria nem uma sala de torturas, mas o lugar onde Jesus nos espera com ternura. Ali não deve haver lugar para medo ou meias-verdades, mas apenas o desejo de reencontrar a paz e a coragem para viver também com ternura.

ORAÇÃO

Ó Deus eterno, em quem a misericórdia é insondável e o tesouro da compaixão é inesgotável, olhai propício para nós e multiplicai em nós a Vossa misericórdia, para que não desesperemos nos momentos difíceis, nem esmoreçamos, mas nos submetamos com grande confiança a Vossa santa vontade, que é amor e a própria misericórdia.
Amém.

MINHA DECISÃO

A cada dia pedirei ao Espírito Santo a graça de não perder a visão da misericórdia de Deus para a minha vida. Manterei em minha mente que a misericórdia deu nova chance ao filho pródigo; perdoou o bom ladrão na cruz e o conduziu ao Paraíso. Não permitirei que os meus erros me afastem de Deus, mas deles aprenderei a lição para não mais cometê-los.

PROMESSAS DE DEUS

Renuncie o malvado a seu comportamento, e o pecador a seus projetos; volte ao Senhor, que dele terá piedade, e a nosso Deus que perdoa generosamente.
(Is 55,7)

Bendito seja Deus, o Pai de nosso Senhor Jesus Cristo! Na Sua grande misericórdia, Ele nos fez renascer pela ressurreição de Jesus Cristo dentre os mortos, para uma viva esperança.

(1Pd 1,3)

Aproximemo-nos, pois, confiadamente do trono da graça, a fim de alcançar misericórdia e achar a graça de um auxílio oportuno.

(Hb 4,16)

Remédio para crescer na fé

Quem não pode fazer grandes coisas, faça ao menos o que estiver na medida de suas forças.

Santo Antônio

A fé é a resposta ao que Deus nos fala em sua Palavra. É o nosso sim, como o da Virgem Maria. É como se estivéssemos dizendo: "Senhor, realiza em mim a Tua Palavra". O passo seguinte é aprender a permanecer na certeza de que a alegria de Deus está em realizar em nossa vida as Suas preciosas promessas. Por isso, é importante aprender a andar e crescer na fé. Quem entende isso consegue enfrentar qualquer problema. É a promessa de Jesus em Marcos 9,23: "**Tudo é possível ao que crê**". Essas palavras valem para todas as áreas da nossa vida. Hoje talvez estejamos doentes do corpo, e a fé é a chave para liberar o poder de Jesus. Amanhã, quem sabe, nos sentiremos fracos emocionalmente, e a fé nos dará a força de Deus para vencer esses sentimentos. O mesmo vale para os problemas de ordem familiar, profissional etc... A fé é capaz de nos dar a luz para iluminar nossos passos. Nesses meus anos de sacerdócio, tenho assistido à transformação da vida das pessoas através do exercício da fé. Quantos eram dominados por todo tipo de sofrimentos e passaram a ser pessoas cheias de alegria por terem aprendido a transformar seus medos em fé. Se você está doente fisicamente, crie coragem e diga: "Senhor Jesus, eu creio que Tu és o meu médico e remédio". E Ele fará isso de um modo ou de outro. Quando vierem pensamentos pessimistas sobre sua vida pessoal, familiar ou profissional, tenha a coragem de dizer: "Não vou ceder a esses pensamentos, porque Jesus é a minha força". Temos que aprender que, seja qual for o meio que Deus escolha para agir, nossa parte é acreditar que Ele sempre age em nosso favor.

 TRATAMENTO: Guarde com carinho na mente e no coração as palavras de Marcos 9,23: **"Tudo é possível àquele que crê"**. Nas horas difíceis de sua vida, não se esqueça de repeti-las quantas vezes forem necessárias.

ORAÇÃO

Salmo 24,15-21

Meus olhos estão sempre fixos no Senhor,
porque Ele livrará do laço os meus pés.

Olhai-me e tende piedade de mim,
porque estou só e na miséria.

Aliviai as angústias do meu coração,
e livrai-me das aflições.

Vede minha miséria e meu sofrimento,
e perdoai-me todas as faltas.

Vede meus inimigos, são muitos,
e com ódio implacável me perseguem.

Defendei minha alma e livrai-me; não seja confundido
eu que em Vós me acolhi.
Protejam-me a inocência e a integridade,
porque espero em Vós, Senhor.

MINHA DECISÃO

Vou me agarrar às promessas de Deus, guardando-as com cuidado em meu coração e mente. Para isso, todos os dias buscarei o alimento da Palavra. Somente com ela serei capaz de crescer na fé.

PROMESSAS DE DEUS

Mantende longe de vós, pois, toda malícia, toda astúcia, fingimentos, invejas e toda espécie de maledicência. Como crianças recém-nascidas, desejai com ardor o leite espiritual que vos fará crescer para a salvação.
(1Pd 2,1-2)

A fé provém da pregação e a pregação se exerce em razão da palavra de Cristo.
(Rm 10,17)

A fé é o fundamento da esperança, é uma certeza a respeito do que não se vê.
(Hb 11,1)

Remédio para manter a fé dos filhos

Inicia a criança segundo o caminho que ela deve tomar: ao envelhecer, dele não se apartará.

Provérbios 22,6

Muitos casais cristãos têm feito a pergunta: "Vou batizar meu filho, o que devo fazer para que ele possa crescer na fé? Por onde começar?"; ou algo ainda mais preocupante: "Quando nossos filhos eram pequenos, era mais fácil fazê-los rezar conosco e também levá-los para a missa; agora eles questionam tudo".

Qual será a melhor maneira para ajudar os filhos a viver a fé?

Um primeiro ponto importante é jamais esquecer que ajudar os filhos a viver a fé não tem uma fórmula, porque é uma questão de fé! Quem deseja construir uma família de fé tem que se apoiar no autor da família: Deus. A fé não é simplesmente um conjunto de ideias, nem se limita a algumas práticas religiosas ou valores morais, mas é uma experiência viva com a pessoa de Jesus Cristo. Os pais cristãos devem ter consciência de que seus filhos são amados por Deus e estão sob seus cuidados. Se assim creem, então têm a certeza de que Ele quer o melhor para eles. Portanto, precisam estar dispostos a confiar na misericórdia divina, mesmo diante de aparentes sinais de fracasso, que dão a impressão de que os filhos já não se interessam por Deus. Deus é a fonte e nós o canal. Não são os pais que transmitem a fé aos filhos: quem o faz é Deus, por meio de nós. Se os pais estiverem unidos a Deus, que é a fonte, os filhos de algum modo serão ajudados a descobrir a importância da fé para suas vidas. Num primeiro momento, podemos ter a impressão de que tudo está dando errado, mas a promessa de Deus é "**assim acontece à palavra que minha boca profere: não volta sem ter produzido seu efeito, sem ter executado minha vontade e cumprido sua missão**" (Is 55,11).

A primeira lição para os filhos é fazê-los enxergar o Evangelho sendo vivido pelo pai e pela mãe. É importante os pais demonstrarem carinho e respeito um pelo outro, bem como por todas as outras pessoas. Se os filhos veem sempre os pais brigando, falando mal de alguém, fazendo coisas erradas etc., não serão capazes de entender que Deus é amor e que devemos amar nossos semelhantes sem nenhuma distinção: "**Amai vossos inimigos, fazei bem aos que vos odeiam, orai pelos que vos [maltratam e] perseguem. Se amais somente os que vos amam, que recompensa tereis? Não fazem assim os próprios publicanos? Se saudais apenas vossos irmãos, que fazeis de extraordinário? Não fazem isto também os pagãos? Portanto, sede perfeitos, assim como vosso Pai celeste é perfeito**" (Mt 5,44.46-48). O exemplo de vida dos pais fica marcado na vida dos filhos. A partir dessa semente, Deus agirá, como promete.

O segundo ponto importante é lembrar a importância da oração pessoal dos pais e os pequenos gestos de oração familiar. Os pais preocupados com a fé dos filhos devem de alguma maneira encontrar tempo, todos os dias, para estar a sós com Deus. A oração precisa estar presente na vida de todo cristão como a necessidade de se alimentar. Por mais agitada que seja a vida, todos dão um jeito de parar e comer alguma coisa. O mesmo precisa acontecer com a oração. Os filhos veem também esse exemplo pessoal dos pais. Além disso, quando as crianças são pequenas, é bom rezar com elas uma pequena oração antes de dormir, ao levantar, antes das refeições...

Também é muito bom recuperar o bom costume de rezar o terço em família. Os tempos são outros, vivemos num mundo de correria, mas isso é possível, não é difícil, basta querer e começar, uma vez por semana, a cada quinze dias ou uma vez por mês. O importante é começar.

E, por fim, todos os dias os pais devem entregar seus filhos nas mãos de Deus, pedir a intercessão de Nossa Senhora e a ajuda do anjo da guarda. Não se envergonhe de dizer a seu filho ao se despedir dele: "Vá com Deus. Deus o abençoe..."

TRATAMENTO: Um dos melhores é o indicado por São João Bosco: "Aproxime-se de seu filho. Viva com ele. Viva no meio dele. Conheça seus amigos. Procure saber aonde ele vai, com quem está. Convide-o para trazer seus amigos para casa. Participe amigavelmente de sua vida. Seja coerente com seu filho. Não temos o direito de exigir de nosso filho atitudes que não temos. Quem não é sério não pode exigir seriedade. Quem não respeita não pode exigir respeito. Nosso filho vê tudo isso muito bem, talvez porque nos conheça mais do que nós a ele".

ORAÇÃO

Prece pela família

Oh, Deus, que na Sagrada Família nos deixastes um modelo perfeito de vida familiar vivida na fé e na obediência de vossa vontade. Ajudai-nos a ser exemplo de fé e amor aos Vossos mandamentos. Socorrei-nos na nossa missão de transmitir a fé aos nossos filhos. Abri seu coração para que cresça neles a semente da fé que receberam no batismo. Fortalecei a fé dos nossos jovens, para que cresçam no conhecimento de Jesus. Aumentai o amor e a fidelidade em todos os casais, especialmente naqueles que passam por momentos de sofrimento ou dificuldade. Unidos com José e Maria, pedimo-Vos, por Jesus Cristo Vosso Filho, nosso Senhor. Amém.

Bento XVI

MINHA DECISÃO

Procurarei ter tempo para estar com meu filho, valorizando-o com um amor sincero. Com a ajuda de Deus, terei como modelo para a minha família e educação dos filhos a Sagrada Família. Quando ele cometer qualquer tipo de erro, ficarei do lado da verdade, com a disposição de ajudá-lo a reencontrar o caminho. Farei tudo com carinho, delicadeza e firmeza, como Maria e José com o menino Jesus.

PROMESSAS DE DEUS

Ensina à criança o caminho que ela deve seguir; mesmo quando envelhecer, dele não se há de afastar.
(Pr 22,6)

Corrige teu filho e ele te dará repouso e será as delícias de tua vida.
(Pr 29,17)

Pais, não exaspereis vossos filhos. Pelo contrário, criai-os na educação e doutrina do Senhor.
(Ef 6,4)

Remédio para confiar na Providência Divina

A Providência Divina nunca nos abandona.
A Providência continuamente nos faz saber com
que amor Jesus nos acompanha e ajuda.

Madre Teresa de Calcutá

A felicidade é um desejo no coração de todas as pessoas, mas poucas a alcançam. Por quê? As pessoas não conseguem se sentir felizes onde estão, com quem estão e com o que fazem. Agindo assim, têm a impressão de que a felicidade escapa continuamente de suas mãos. Na mente trazem ideias erradas sobre a felicidade:

- É necessário possuir muitas coisas para ser feliz.
- Se não estiver ocupado, não estarei bem.
- Necessito de uma imagem pessoal de eficiência para que gostem de mim e para poder desfrutar a vida.

O problema está em dar demasiado valor a estas ou outras ideias sobre como alcançar a felicidade. Ao agir dessa maneira, tornamo-nos fracos. O motivo é muito simples: nem sempre podemos possuir o objeto do nosso desejo de felicidade, e por isso ficamos infelizes. A reação positiva está em mudar a forma de pensar sobre a felicidade, dizendo:

- Gostaria de ter segurança econômica, mas não necessito dela para desfrutar a vida.
- Gosto de ter o tempo ocupado, mas, se não tiver nada para fazer, também posso me sentir tranquilo.
- Mesmo que não tenha a imagem pessoal que a sociedade geralmente valoriza, ainda assim poderei fazer inúmeras coisas de valor e gratificantes por mim e pelos outros.

Um dos segredos para não cair na armadilha do medo de não ter o suficiente para os momentos difíceis está em aprender uma lição dada por São Paulo na Carta aos Filipenses 4,11-13: "**Não é minha penúria que me faz falar. Aprendi a contentar-me com o que tenho. Sei viver na penúria, e sei também viver na abundância. Estou acostumado a todas as vicissitudes: a ter fartura e a passar fome, a ter abundância e a padecer necessidade. Tudo posso naquele que me conforta**". Confiar na Providência Divina significa acreditar que Deus conhece todas as nossas necessidades, e Ele não permitirá que nos falte o "pão de cada dia". A nós cabe confiar e também fazer a nossa parte. Quando Deus mandou o maná do céu para alimentar o povo no deserto, foi necessário recolher (cf. Ex 16,18). A cada dia, as pessoas tinham que ir aonde estava o maná e buscar a provisão cotidiana. Nossa parte é dar o melhor de nós mesmos em tudo o que fazemos, lembrando que não é para os homens (pais, professores, patrão, empregado...), mas para o Senhor. As épocas de crise econômica são a oportunidade preciosa para lembrar e viver a certeza de que "**O Senhor guardará os teus passos, agora e para todo o sempre**" (Sl 120,8).

No tempo do profeta Elias, Israel passou por uma terrível seca, e o povo não tinha como se alimentar. Porém, a viúva de Sarepta confiou na promessa de Deus e por isso teve a cada dia o necessário para seu sustento: "**A farinha não se acabou na panela nem se esgotou o óleo da ânfora, como o Senhor o dissera pela boca do profeta Elias**" (1Rs 17,16).

TRATAMENTO: Quando sentir medo de não ter o bastante para hoje nem para amanhã, imediatamente repita no coração, quantas vezes forem necessárias, a palavra de Filipenses 4,13: "Tudo posso Naquele que me conforta".

ORAÇÃO

Ó Senhor, Vós nos dissestes
que de nós cuidará o nosso Pai do céu
como cuida dos lírios do campo.
Vós, que nem um lugar tivestes para repousar Vossa
cabeça cansada,
sede nosso professor.
Ensinai-nos a confiar na Providência Divina
e ajudai-nos a superar a ganância humana.
A ganância a ninguém faz feliz.
Dai-nos força de nos darmos a Vós
para que sejamos um instrumento
da Vossa vontade.
Abençoai o uso do dinheiro no mundo
para que sejam saciados os que têm fome
sejam vestidos os que estão nus,
tenham abrigo os pobres
e sejam tratados os doentes.

E, Senhor, dai-nos o Espírito Santo para que,
pela fé que nos concedeis, claramente possamos saber

que todos nós para Vós somos mais valiosos
do que cada lindo lírio
ou cada rouxinol que no céu canta.
Amém.

Madre Teresa de Calcutá

MINHA DECISÃO

Tomarei consciência de que minha felicidade não depende apenas daquilo que eu desejo, de coisas ou pessoas. Mudarei meu foco, aprenderei a confiar na Providência Divina, e ninguém nem nada poderá tirar a minha felicidade.

PROMESSAS DE DEUS

Nada temas, porque estou contigo; não lances olhares desesperados, pois Eu sou teu Deus; Eu te fortaleço e venho em teu socorro, Eu te amparo com Minha destra vitoriosa.

(Is 41,10)

Confia ao Senhor a tua sorte, espera Nele, e Ele agirá.

(Sl 36,5)

Humilhai-vos, pois, debaixo da poderosa mão de Deus, para que Ele vos exalte no tempo oportuno. Confiai-Lhe todas as vossas preocupações, porque Ele tem cuidado de vós.

(1Pd 5,6-7)

Remédio para as tempestades da vida

Não basta fazer coisas boas:
é preciso fazê-las bem.

Santo Agostinho

Uma das realidades mais belas da nossa fé em Jesus é a certeza de que não estamos sozinhos para enfrentar as tempestades da vida. Às vezes, algumas pessoas imaginam que Deus promete uma vida livre dos perigos normais e sentem-se perdidas quando esses perigos as atingem. Então se perguntam: Onde está Deus? A resposta é muito simples: Deus está onde sempre esteve: junto de nós. Ele jamais nos abandona, somos nós que não sentimos Sua presença. E por quê? A passagem do Evangelho em que Jesus acalma a tempestade ensina-nos a lição para não afundar diante das dificuldades da vida. Cheios de medo, os discípulos acordam Jesus para socorrê-los. A tempestade é acalmada e, em Marcos 4,40, Jesus diz: "**Como sois medrosos! Ainda não tendes fé?**". Com essas palavras aprendemos algo importante: quem tem Jesus tem a certeza de que pode enfrentar todas as tempestades da vida. Mas temos de buscá-Lo por causa da certeza de Sua ajuda, e não por medo ou desespero. Mesmo cheios de medo, também não seremos esquecidos pelo nosso Salvador. Ele sempre acalma as tempestades da vida.

TRATAMENTO: Quando se sentir ameaçado pela onda dos problemas, lembre-se de Jesus acalmando a tempestade e dizendo aos discípulos: "**Como sois medrosos! Ainda não tendes fé?**" (Mc 4,40). Repita para si mesmo: "Jesus também acalma as minhas tempestades".

ORAÇÃO

Salmo 3

Senhor, como são numerosos os meus perseguidores!
É uma turba que se dirige contra mim.
Uma multidão inteira grita a meu respeito:
Não, não há mais salvação para ele em seu Deus!
Mas Vós sois, Senhor, para mim um escudo;
Vós sois minha glória, Vós me levantais a cabeça.
Apenas elevei a voz para o Senhor,
Ele me responde de Sua montanha santa.
Eu, que me tinha deitado e adormecido, levanto-me,
porque o Senhor me sustenta.
Nada temo diante desta multidão de povo,
que de todos os lados se dirige contra mim.
Levantai-Vos, Senhor! Salvai-me, ó meu Deus!
Feris no rosto todos os que me perseguem,
quebrais os dentes dos pecadores.
Sim, Senhor, a salvação vem de Vós.
Desça a vossa bênção sobre Vosso povo.

MINHA DECISÃO

Hoje quero tomar consciência de que as preocupações e medos me impedem de ser forte diante da vida. Com a ajuda de Deus, deixarei que toda a ansiedade e o medo se afastem de mim. Lembrarei que eu posso reagir. E, mesmo que pareça difícil, continuarei lutando com a força da fé.

PROMESSAS DE DEUS

Nada temas, porque estou contigo, não lances olhares desesperados, pois eu sou teu Deus; Eu te fortaleço e venho em teu socorro, Eu te amparo com Minha destra vitoriosa.
(Is 41,10)

Sabemos que todas as coisas concorrem para o bem daqueles que amam a Deus, daqueles que são os eleitos, segundo os seus desígnios.
(Rm 8,28)

Feliz o homem que suporta a tentação. Porque, depois de sofrer a provação, receberá a coroa da vida que Deus prometeu aos que o amam.
(Tg 1,12)

8

Remédio para a dor da separação

*Tenha Jesus Cristo em seu coração,
e todas as cruzes do mundo parecerão rosas.*

São Pio de Pietrelcina

Há muitos anos, ouvi o testemunho tocante de uma mulher diante do Papa João Paulo II, no Encontro Mundial das Famílias, no Rio de Janeiro. Ela havia sido abandonada pelo marido. Tinha filhos para criar. Era como se carregasse nos ombros o peso do mundo. Nessas horas o coração é inundado pelos sentimentos de decepção, traição, mágoa. Todas essas reações e muitas outras são compreensíveis. Afinal, quem casa tem o desejo de ser feliz, e não imagina a possibilidade da separação. Quando ela vem, produz um choque. Nessa hora, a pessoa imagina que nunca mais irá se recuperar do seu sofrimento.

O testemunho da originalidade das palavras da mulher diante do Papa, no Maracanã lotado, estava no modo como falou da sua recuperação. Demonstrando a tranquilidade interior própria de quem consegue se reerguer, ela disse: "Quem manteve a minha família unida foi a experiência de Deus, acompanhada pela prática da minha fé católica". A ferida cicatrizou porque soube tratá-la com o remédio do amor de Deus. Ela entendeu que a vida não parou com a separação. Era preciso reagir. Essa mulher aprendeu a permitir que a graça de Deus tirasse dos escombros da destruição do seu lar a coragem para se levantar. Foi uma experiência semelhante à de José do Egito. Os irmãos o venderam como escravo. Ele era o filho amado do pai, e de repente se viu separado da família. Deus abriu a porta para que José se tornasse o homem de confiança do faraó do Egito. Certo dia, seus irmãos foram levados a sua presença. Essa era a oportunidade para ele se vingar, mas José preferiu agir de outro modo. Em Gênese 50,20 lemos: "**Vossa intenção era de fazer-me mal, mas Deus tirou daí um bem...**".

É perda de tempo culpar a si mesmo ou remoer um desejo de vingança. O passado não volta. O que aconteceu, aconteceu! O importante é não perder o futuro. E para isso temos a ajuda de Deus. Tenha a coragem de se aproximar Dele do jeito que você estiver, bem ou mal. Deus tem o poder de transformar sua dor em força para que você reencontre a alegria de viver!

Também é importante o conselho do Papa Francisco: "Aos pais separados digo: nunca tomeis o filho como refém! Vós vos separastes devido a muitas dificuldades e motivos, a vida deu-vos essa provação, mas os filhos não devem carregar o fardo dessa separação. Que eles não sejam usados como reféns contra o outro cônjuge, mas cresçam ouvindo a mãe falar bem do pai, embora já não estejam juntos, e o pai falar bem da mãe. Isso é muito difícil para os pais separados, mas é muito importante e eles podem fazê-lo".

TRATAMENTO: Guarde bem no coração: Deus nunca desiste de nós; por isso, diante da dor da separação, não desista de Deus. A separação não é algo fácil nem desejável. Ela traz confusão, solidão, sentimento de culpa, raiva. Não se imagine condenado por Deus. Alimente sua fé com a ajuda da Igreja, sem jamais se sentir excluído. Não se deixe vencer pelos preconceitos de quem não vive a misericórdia. Repita: "Tenho em quem me apoiar: Deus".

ORAÇÃO

Salmo 41,2-7

Como a corça anseia pelas águas vivas,
assim minha alma suspira por Vós, ó meu Deus.

Minha alma tem sede de Deus, do Deus vivo;
quando irei contemplar a face de Deus?

Minhas lágrimas se converteram em alimento
dia e noite, enquanto me repetem sem cessar:
Teu Deus, onde está?

Lembro-me, e esta recordação me parte a alma, como ia entre a turba, e os conduzia à casa de Deus, entre gritos de júbilo e louvor de uma multidão em festa.

Por que te deprimes, ó minha alma, e te inquietas dentro de mim? Espera em Deus, porque ainda hei de louvá-Lo:

Ele é minha salvação e meu Deus.

MINHA DECISÃO

Hoje farei um esforço atento para não permitir que a dor da separação destrua minha confiança em Deus. Lutarei para lembrar que todos os seres humanos são imperfeitos e podem errar. Pedirei a graça para não ficar demasiado ressentido ou rancoroso, e superar a decepção com misericórdia.

PROMESSAS DE DEUS

Quão grande é, Senhor, Vossa bondade, que reservastes para os que Vos temem e com que tratais aos que se refugiam em Vós, aos olhos de todos.

(Sl 30,20)

Bem conheço os desígnios que mantenho para convosco — diz o Senhor —, desígnios de prosperidade e não de calamidade, de vos garantir um futuro e uma esperança.

(Jr 29,11)

Não vos inquieteis com nada! Em todas as circunstâncias apresentai a Deus as vossas preocupações, mediante a oração, as súplicas e a ação de graças. E a paz de Deus, que excede toda a inteligência, haverá de guardar vossos corações e vossos pensamentos, em Cristo Jesus.

(Fl 4,6-7)

Remédio para ser um vencedor

Supera a agressão com a verdade, e a malícia com a bondade.
Santo Isidoro de Sevilha

Existem dois tipos de cristãos. O vencedor e o perdedor. O primeiro reconhece como é importante se alimentar de Deus com a Palavra, a oração e os sacramentos, em especial a Eucaristia e a confissão. Já o perdedor só se lembra de buscar a Deus na hora das dificuldades e às vezes apenas como último recurso. Esta foi a diferença entre o rei Saul e Davi. Saul se afastara de Deus, abandonara sua fé. Ele tinha religião, mas já não andava na presença de Deus. Davi era temente a Deus. Quando foi escolhido para enfrentar o gigante Golias, não tinha o perfil de soldado guerreiro. Pelo contrário, era jovem, aparentemente fraco e, como se não bastasse, sempre trabalhara como pastor de ovelhas. Mas era um guerreiro da fé. Davi se revestiu da armadura de Deus e desafiou o gigante Golias, como lemos no Primeiro Livro de Samuel 17,45: "**Tu vens contra mim com espada, lança e escudo; eu, porém, vou contra ti em nome do Senhor dos exércitos**". Não nos deixemos intimidar pelas contrariedades da vida, saibamos enfrentá-las com Deus. Nunca se esqueça de que só quem descobre a importância de ter tempo para Deus pode revestir-se de Sua armadura.

TRATAMENTO: Se parecer difícil enfrentar uma situação, jamais permita que o medo o faça bater em retirada, mas repita as palavras do rei Davi diante de Golias: "**Eu, porém, vou contra ti em nome do Senhor dos exércitos**" (1Sm 17,45).

ORAÇÃO

Salmo 142,7-11

Apressai-Vos em me atender, Senhor, pois estou a ponto de desfalecer. Não me oculteis a Vossa face, para que não me torne como os que descem à sepultura.

Fazei-me sentir, logo, Vossa bondade, porque ponho em Vós a minha confiança. Mostrai-me o caminho que devo seguir, porque é para Vós que se eleva a minha alma.

Livrai-me, Senhor, de meus inimigos, porque é em Vós que ponho a minha esperança.

Ensinai-me a fazer Vossa vontade, pois sois o meu Deus. Que Vosso Espírito de bondade me conduza pelo caminho reto.

Por amor de Vosso nome, Senhor, conservai-me a vida; em nome de Vossa clemência, livrai minha alma de suas angústias.

MINHA DECISÃO

Quero tomar consciência de que não existe vitória sem luta. E a verdadeira vitória não é apenas alcançar coisas ou a admiração das pessoas. A mais importante vitória é estar em paz com Deus, consigo mesmo e com os semelhantes.

PROMESSAS DE DEUS

Que diremos depois disso?
Se Deus é por nós, quem será contra nós?
(Rm 8,31)

Mas, em todas essas coisas, somos mais que vencedores pela virtude Daquele que nos amou. Pois estou persuadido de que nem a morte, nem a vida, nem os anjos, nem os principados, nem o presente, nem o futuro, nem as potestades, nem as alturas, nem os abismos, nem outra qualquer criatura nos poderá apartar do amor que Deus nos testemunha em Cristo Jesus, nosso Senhor.
(Rm 8,37-39)

Porque o Senhor, vosso Deus, marcha convosco
para combater contra os vossos inimigos
e para vos dar a vitória.
(Dt 20,4)

Remédio para a solidão

*Na oração falamos com Deus;
na leitura da Bíblia é Deus quem nos fala.*

São Jerônimo

Conheço pessoas que vivem rodeadas de pessoas, mas estão sempre com um intenso sentimento de solidão. Isso acontece com uma frequência maior do que imaginamos. A solidão é a triste companheira de crianças. Existem adultos solitários por terem dificuldade de fazer amigos ou porque se tornaram dominados pelo trabalho a ponto de não terem tempo de estar com as pessoas. Existem esposas solitárias porque o marido está sempre fora de casa, ou morreu, ou ainda por causa da separação. Quantos idosos sentem falta da presença dos familiares e dos amigos que já partiram desta vida! Além de tudo isso, temos a luta pela sobrevivência, a busca de melhores condições de vida, o desejo de nos destacarmos na profissão, quando caímos na armadilha de não termos mais tempo para nada. A tecnologia da internet, com suas redes sociais, também cria a ilusão dos amigos virtuais, enquanto se perde o contato pessoal, o olho no olho. Devemos usar a tecnologia de maneira positiva, não permitindo que ela nos domine e impeça o encontro real com as pessoas, limitando-nos ao encontro virtual. Todos necessitamos da presença de alguém que nos dê acolhimento, atenção, carinho. Um dos primeiros passos para a cura da solidão é viver o que acreditamos. Isso significa preencher o vazio do coração com o único ser capaz de realizar tal obra: Deus. No Salmo 39,1 está escrito: "**Esperei no Senhor com toda a confiança. Ele se inclinou para mim, ouviu meus brados**". Reconheça a presença de Deus em sua vida. O salmista mostra o caminho ao dizer: "Ele ouviu meus brados". *Brado* é uma exclamação, um clamor, um grito, uma divulgação, uma queixa em voz alta. *Bradar* é uma forma de chamar a atenção. Quando nos relacionamos com as pessoas, geralmente falamos. Temos de fazer o mesmo também com Deus. Ele não se sente importunado nem ofendido quando, em nossa solidão, clamamos: "Senhor, ajuda-me a evitar que eu caia no desânimo. Eu sei que estás comigo". Não se esqueça: Deus tem o controle de tudo. Além disso, não fuja da convivência com as pessoas na família, com os vizinhos, com os colegas de trabalho, de escola e principalmente da igreja. Aja com naturalidade. Se algumas pessoas não corresponderem, não se feche. Se uma porta se fecha, outra se abre. Deus fará você encontrar o caminho da cura da solidão. O importante é não se deixar dominar por uma opinião ruim sobre si mesmo: "Ninguém gosta de mim". Às vezes, isso acontece porque nos comparamos com outras pessoas mais extrovertidas. Cada pessoa é diferente, mas todas, inclusive você, têm valor.

TRATAMENTO: Você pode transformar a solidão numa fonte de bênçãos. Você não é o único a viver essa experiência. Não se tranque em si mesmo, não busque a muleta da agressividade, do álcool, das drogas. Procure se envolver nos ambientes que você frequenta. E se as pessoas não corresponderem? Não se deixe dominar pelo sentimento de superioridade nem de inferioridade. Se necessário, mude algumas de suas atitudes. Tenha no coração as palavras do Salmo 39,1: "**Esperei no Senhor com toda a confiança**".

ORAÇÃO

Salmo 39,2-6

Esperei no Senhor com toda a confiança. Ele se inclinou para mim, ouviu meus brados.

Tirou-me de uma fossa mortal, de um charco de lodo; assentou-me os pés numa rocha, firmou os meus passos; pôs-me nos lábios um novo cântico, um hino à glória de nosso Deus. Muitos verão essas coisas e prestarão homenagem a Deus, e confiarão no Senhor.

Feliz o homem que pôs sua esperança no Senhor, e não segue os idólatras nem os apóstatas.

Senhor, meu Deus, são maravilhosas as Vossas inumeráveis obras e ninguém Vos assemelha nos desígnios para conosco. Eu quisera anunciá-los e divulgá-los, mas são mais do que se pode contar.

MINHA DECISÃO

Vou exercitar a certeza da proximidade e da misericórdia de Deus. Só Ele me oferece o verdadeiro sentido para a vida, e com Ele a ferida da minha solidão é preenchida.

Manterei em minha mente sempre viva a certeza de que a solidão não dura para sempre. E, mais ainda, em mim mora o Espírito Santo. Ele me consola, fortalece, anima e me torna mais unido a Jesus: "**Ou não sabeis que o vosso corpo é templo do Espírito Santo, que habita em vós, o qual recebestes de Deus e que, por isso mesmo, já não vos pertenceis?**" (1Cor 6,19).

PROMESSAS DE DEUS

O Senhor mesmo marchará diante de ti, e estará contigo, e não te deixará nem te abandonará. Nada temas, e não te amedrontes.

(Dt 31,8)

Nada temas, porque estou contigo, não lances olhares desesperados, pois Eu sou teu Deus; Eu te fortaleço e venho em teu socorro, Eu te amparo com Minha destra vitoriosa.

(Is 41,10)

Eis que estou convosco todos os dias, até o fim do mundo.

(Mt 28,20)

11
Remédio para reagir diante da doença

[Coloquem] a esperança na Minha misericórdia os maiores pecadores. Eles têm mais direito do que outros à confiança no abismo da Minha misericórdia.

Diário da Misericórdia, 1146

A cada dia crescem as notícias sobre o aumento de doenças potencialmente fatais, como o câncer. Ao mesmo tempo, porém, o índice de cura também aumenta. Além da descoberta de novos medicamentos, capazes de dar melhor qualidade de vida aos enfermos, a atitude em relação à enfermidade é importante. Li um artigo no qual os médicos mostravam a relevância de encarar a doença de modo positivo. Como? A reação de uma pessoa ao diagnóstico de uma doença grave é sempre a depressão. Os médicos passaram a perguntar: "Alguém já foi curado dessa doença?". A resposta era sempre afirmativa. E então completavam: "A partir de hoje, você vai dizer: eu também posso enfrentar esta doença!". De acordo com essas pesquisas, muitos saíram da depressão e também ficaram completamente curados.

Gosto muito de rezar com os salmos, porque neles sempre encontro palavras de encorajamento para todas as situações. Davi era um mestre sobre a melhor maneira para não se deixar dominar pelos maus sentimentos. No Salmo 41,6, por exemplo, ele diz: "Por que te deprimes, ó minha alma, e te inquietas dentro de mim? Espera em Deus, porque ainda hei de louvá-Lo: Ele é minha salvação e meu Deus". Repare como perdemos tempo não colocando em prática os ensinamentos da Palavra. Para a ciência, o valor das declarações positivas é uma novidade; para a Bíblia, essa é uma questão de fé. Se confessamos bênçãos, estamos dando o testemunho do crédito aos cuidados de Deus. Nossos pensamentos e palavras refletem a temperatura de nossa fé. Se todos os dias você repetir: "Estou cada vez pior, nada dá certo em minha vida...", em pouco tempo estará convencido dessas afirmações. A consequência será desenvolver a mentalidade e a atitude de derrotado. É preciso reagir, dizendo para você mesmo: "Deus está comigo, eu posso enfrentar esta situação". Nunca se dê por vencido! Mesmo chorando, cheio de medo, não se entregue. Não se faça de vítima, não busque culpados. Apenas olhe para Deus. Se você fizer a sua parte, assumindo com esperança a vida e seus problemas, Deus lhe dará a graça necessária para devolver a coragem ao seu coração e o sorriso aos seus lábios. Tenha a certeza de que você nunca está sozinho em suas lutas!

TRATAMENTO: A doença tem o poder de trazer o medo, o pessimismo e até a depressão. Se esses sentimentos vierem, não devemos nos imaginar indignos de Deus. Ele nos entende. Leia as palavras de Lucas 13,12-13: "**Estás livre da tua doença. Impôs-lhe as mãos e no mesmo instante ela se endireitou, glorificando a Deus**". Agora, visualize isso acontecendo com você!

ORAÇÃO

Salmo 102,1-5

Bendize, ó minha alma, ao Senhor, e tudo o que existe em mim bendiga o Seu santo nome.

Bendize, ó minha alma, ao Senhor, e jamais te esqueças de todos os Seus benefícios.

É Ele que perdoa as tuas faltas,
e sara as tuas enfermidades.

É Ele que salva tua vida da morte,
e te coroa de bondade e de misericórdia.

É Ele que cumula de benefícios a tua vida,
e renova a tua juventude como a da águia.

MINHA DECISÃO

A doença faz parte de todas as pessoas, ninguém está livre dela. Eu tenho plena certeza de que Deus está no controle de minha vida. Ele sabe o que é melhor para mim, por isso eu confio no seu auxílio. Eu me entrego em Suas mãos amorosas.

PROMESSAS DE DEUS

Prestarás culto ao Senhor, teu Deus,
que abençoará teu pão e tua água,
e te preservará da enfermidade.
(Ex 23,25)

Curai-me, Senhor, e ficarei curado;
salvai-me, e serei salvo, porque sois a minha glória.
(Jr 17,14)

Pela tarde, apresentaram-lhe muitos possessos de demônios. Com uma palavra, expulsou Ele os espíritos e curou todos os enfermos. Assim se cumpriu a predição do profeta Isaías: "Tomou as nossas enfermidades e sobrecarregou-se dos nossos males" (Is 53,4).
(Mt 8,16-17)

Remédio para recuperar a saúde

*Se fores aquilo que Deus quer,
colocareis fogo no mundo.*

Santa Catarina de Sena

Quem já não ficou doente? Essa é uma condição possível na vida de todas as pessoas. Quando isso acontece, descobrimos como somos frágeis. Ao mesmo tempo, é importante não perder de vista qual deve ser a atitude do cristão diante da doença. Quando Jesus passou pela terra, pregou a Palavra de Deus, e um de seus efeitos era a cura das enfermidades. Um dos exemplos bem claros dessa verdade está em Lucas 6,17: "**Tinham vindo para ouvi-lo e ser curadas das suas enfermidades**". Essa força está no fato de que, quando ouvimos ou lemos um trecho da Sagrada Escritura, temos um encontro vivo com Jesus. Ele é a Palavra que se fez carne no ventre de Maria. A escuta e a leitura da Palavra têm como propósito trazer vida e saúde para todo o nosso ser: espírito, alma e corpo. O que está na Palavra corresponde à vontade de Deus e tem como finalidade despertar a nossa fé para a certeza do poder posto à nossa disposição. Jesus continua a nos desafiar, como fez com dois cegos, antes de curá-los, em Mateus 9,28: "'**Credes que eu posso fazer isso?' 'Sim, Senhor', responderam eles**". A chave para ver Jesus nos abençoando está em ouvir a Palavra e dizer: "Esta promessa é para mim". Se cremos e agimos conforme Deus nos fala em sua Palavra, também colhemos o efeito da cura. A nossa parte é crer.

> **TRATAMENTO:** Deus nos cura sem os remédios, com o auxílio dos médicos ou nos dá a força para enfrentar qualquer doença. O importante é crer nessa certeza, estar pronto para qualquer uma das hipóteses. Quando estivermos em tratamento, e parecer que tudo está perdido, que nada está fazendo efeito, não nos esqueçamos da pergunta de Jesus e da resposta dos cegos: "'Credes que eu posso fazer isso?' 'Sim, Senhor', responderam eles". Esse gesto de fé produziu a cura. O cristão nunca desiste de lutar o combate da fé.

ORAÇÃO

Senhor Jesus, creio que estás vivo e ressuscitado.
Creio que sempre falas comigo pela Palavra; creio que estás presente realmente no sacramento do altar para me alimentar; creio que respondes às orações de todos os que Te buscam de coração.

Eu Te louvo e Te adoro. Eu Te rendo graças, Senhor, por teres vindo por amor de mim, como Pão vivo descido do céu. Tu és a plenitude da vida, em Ti ninguém é esquecido, de Ti vêm o perdão, a paz e a saúde.

Visita-me com o teu auxílio e renova-me com o Teu poder.
Tem compaixão de mim e abençoa-me
em todas as minhas necessidades.

Cura-me, Senhor Jesus.

Cura-me em meu espírito, dando-me
a vitória diante do pecado.
Cura-me em minhas emoções, fechando as feridas das
minhas mágoas, frustrações, rancores ou ódios...
Cura-me em meu corpo, devolvendo-me a saúde física.

Hoje, Senhor, com total confiança apresento a Ti a(s) minha(s) doença(s):... *[diga o nome da(s) sua(s) doença(s)]* e peço-Te: cura-me completamente, como curaste os doentes que Te procuravam quando estiveste aqui na terra.

Eu creio, como promete a Palavra: "**Carregou os nossos pecados em seu corpo sobre o madeiro, para que, mortos aos nossos pecados, vivamos para a justiça. Por fim, por suas chagas fomos curados**" (1Pd 2,24).

Estou seguro do Teu amor por mim e, mesmo antes de ver os resultados da minha oração, eu Te digo com fé: Obrigado, Senhor Jesus, pela bênção que já estás derramando em meu favor.

MINHA DECISÃO

Não importa quão ruins sejam as condições de minha saúde, ou de meus familiares e amigos, não me entregarei ao desespero. E, mesmo que eu venha a vacilar, sei que Deus não me abandonará. Ao contrário, Ele será minha força e coragem para continuar lutando. Não desistirei nunca, porque eu creio no amor de Deus.

PROMESSAS DE DEUS

Enviou a Sua palavra para os curar,
para os arrancar da morte.
(Sl 106,20)

Tudo o que pedirdes com fé na oração,
vós o alcançareis.
(Mt 21,22)

Vinde a mim, vós todos que estais aflitos sob o fardo,
e eu vos aliviarei.
(Mt 11,28)

Remédio para a confiança

Tomemos como nossos os interesses divinos.
Por sua vez Ele cuidará dos nossos interesses.

Santa Teresa de Ávila

Todos os dias estamos submetidos às mais diferentes preocupações: perder o emprego, a saúde, a segurança, sofrer um acidente, perder um ente querido. Além dessas preocupações, nossa imaginação cria tantos outros medos e dúvidas, e assim acabamos perdendo o melhor da vida. A preocupação revela nossa incapacidade de construir nossa vida sozinhos. O motivo é muito simples: preocupamo-nos com coisas que nunca aconteceram, ou que já aconteceram e não há mais nada a fazer, ou com coisas que consideramos mais importantes do que realmente são. A esse respeito, temos de ter sempre presentes as palavras de Jesus no Sermão da Montanha, que podemos ler em Mateus 6,31-32: "**Não vos aflijais, nem digais: Que comeremos? Que beberemos? Com que nos vestiremos?... São os pagãos que se preocupam com tudo isso. Ora, vosso Pai celeste sabe que necessitais de tudo isso**". Nosso Senhor nos revela que a preocupação é fruto da falta de confiança em Deus. Ele é muito claro a esse respeito quando afirma: "**Vosso Pai celeste sabe que necessitais de tudo isso**".

Nossa parte está em não ficar de braços cruzados e muito menos lamentando a própria sorte. Além de não nos dar o que necessitamos, a preocupação traz danos ao espírito, à alma, ao corpo e à convivência com nossos semelhantes. Quando nos preocupamos, deixamos de apreciar a vida de acordo com o plano estabelecido pelo Criador. A preocupação é o contrário da fé. Por isso, quando nos preocupamos, em certo sentido, sugerimos que Deus não é totalmente capaz de cuidar de nossa vida e suprir nossas necessidades. Não se esqueça de pedir ao Espírito Santo a graça para confiar em Deus. Quando confiamos em Deus, todos os temores se desfazem e somos cobertos de bênçãos e de paz.

TRATAMENTO: Nossa confiança vai para onde está o coração. Se a confiança depende de você, de pessoas, de bens materiais, de saúde, de juventude..., dificilmente você será uma pessoa confiante. Tudo nesta vida é relativo e passa. A confiança se mantém quando de fato acreditamos nas palavras de Jesus: "**Vosso Pai celeste sabe que necessitais de tudo isso**". Ter confiança significa usar os bens desta vida sem depender deles.

ORAÇÃO

Salmo 61,6-13

Só em Deus repousa a minha alma,
é Dele que me vem o que eu espero.

Só Ele é meu rochedo e minha salvação;
minha fortaleza: jamais vacilarei.

Só em Deus encontrarei glória e salvação.
Ele é meu rochedo protetor, meu refúgio está Nele.
Ó povo, confiai Nele de uma vez por todas;
expandi, em sua presença, os vossos corações.
Nosso refúgio está em Deus.

Os homens não passam de um sopro,
e de uma mentira os filhos dos homens.
Eles sobem na concha da balança,
pois todos juntos são mais leves que o vento.

Não confieis na violência,
nem espereis inutilmente
no roubo; crescendo vossas riquezas,
não prendais nelas os vossos corações.

Numa só palavra de Deus compreendi
duas coisas: a Deus pertence o poder,

ao Senhor pertence a bondade. Pois Vós dais a
cada um segundo suas obras.

MINHA DECISÃO

Minha vitória diante da vida depende da minha confiança no amor de Deus. Ele não se fixa em meus erros ou nos fatos negativos da vida. Quando me sentir fraco, sem coragem para continuar caminhando lembrarei: Não estou sozinho, Jesus está comigo e por isso posso continuar lutando.

PROMESSAS DE DEUS

Porque todo o que nasceu de Deus vence o mundo.
E esta é a vitória que vence o mundo: a nossa fé.
(1Jo 5,4)

Que teu coração deposite toda a sua confiança
no Senhor! Não te firmes em tua própria sabedoria!
Sejam quais forem os teus caminhos,
pensa Nele, e Ele aplainará tuas sendas.
(Pr 3,5-6)

Não te deixes vencer pelo mal,
mas triunfa do mal com o bem.
(Rm 12,21)

Remédio para a infelicidade

Não devemos permitir que alguém saia de nossa presença sem se sentir melhor e mais feliz.

Madre Teresa de Calcutá

Ninguém nesta vida deseja ser infeliz. Porém, essa é a realidade da vida da maioria das pessoas. Um dos primeiros motivos é desconhecermos que Deus, ao nos criar, teve como propósito a felicidade. E, para isso, temos de aprender a viver bem a vida, fazendo as escolhas certas. No entanto, aí começam os nossos problemas, pois quem não está de bem com a vida não é feliz. E o que é estar de bem com a vida? Para alguns, significa ganhar mais, ter bens materiais, casar-se, divertir-se, emagrecer, viajar... Tudo isso é bom, mas ainda não é realmente a felicidade. Por quê? Todas essas coisas são relativas, e não duradouras. E São Paulo nos diz: "**Se é só para esta vida que temos colocado a nossa esperança em Cristo, somos, de todos os homens, os mais dignos de lástima**". (1Cor 15,19). De acordo com alguns estudos, as coisas externas são capazes de contribuir para a felicidade de 10% a 20% das pessoas. Então, se as coisas não correrem bem, nem isso a pessoa terá. Isso nos leva a concluir que a felicidade não vem da aquisição de coisas, da companhia de pessoas ou de viagens. O que significa isso? Por mais que tentemos controlar a vida, jamais seremos capazes de estabelecer um caminho onde não existam conflitos e contratempos. A felicidade não depende do que está fora, mas de como estamos internamente. Se o coração estiver vazio, nada será capaz de dar a felicidade. Estaremos sempre correndo atrás de coisas e sensações novas. Então, a felicidade é algo feito somente de momentos? Para alguns sim, mas os que entram no santuário do seu coração encontram ali quem dá a felicidade: Deus. Quando nos sentimos infelizes, temos de parar e examinar o motivo. Se formos sinceros, reconheceremos que a infelicidade está no fato de não termos alcançado algo fora de nós. Nem sempre reconhecemos a falta de Deus. Se depositarmos nossa felicidade em Deus, encontraremos verdadeiro prazer nas coisas e, se elas faltarem, reconheceremos ter o principal: paz. Essa palavra aparece muitas vezes na Bíblia. É uma tradução da palavra hebraica *shalom*, que significa ser repleto, estar repleto ou pleno. Significa também ausência de lutas consigo mesmo, porque está completo por Deus. É o completo bem-estar, que certamente equivale à paz no seu significado mais profundo: paz com Deus, conosco e com os semelhantes. Ao desejar *shalom* a alguém, estamos desejando a bênção completa de Deus. Deus deseja dar essa integridade espiritual, emocional, afetiva, familiar, profissional... e isso é ser feliz.

> **TRATAMENTO:** O caminho da felicidade é o caminho que conduz a Deus. Quem O busca e vive Sua Palavra encontra a felicidade. "**Se Compreenderdes Estas Coisas, Sereis Felizes, Sob A Condição De As Praticardes**" (Jo 13,17). Grave esta verdade em sua mente e em seu coração: a felicidade está em suas mãos. Mantenha viva a certeza de que Deus deseja a sua felicidade. Ser feliz não significa ausência de problemas ou de coisas, mas é a experiência amorosa de Deus sempre presente no coração. Quem é feliz faz os outros felizes, perdoa, não se deixa dominar por interesses mesquinhos, constrói amizades e pratica a generosidade.

ORAÇÃO

Salmo 31,1-7

Feliz aquele cuja iniquidade foi perdoada,
cujo pecado foi absolvido.

Feliz o homem a quem o Senhor vê sem malícia,
e em cujo coração não há dolo.

Enquanto me conservei calado, mirraram-se-me os ossos,
entre contínuos gemidos.

Pois, dia e noite, Vossa mão pesava sobre mim; esgotavam-se-me
as forças como nos ardores do verão.

Então eu Vos confessei o meu pecado, e não mais dissimulei
a minha culpa. Disse: Sim, vou confessar ao Senhor a minha
iniquidade. E vós perdoastes a pena do meu pecado.

Assim também todo fiel recorrerá a vós, no momento
da necessidade. Quando transbordarem muitas águas,
elas não chegarão até ele.

Vós sois meu asilo, das angústias me preservareis
e me envolvereis na alegria de minha salvação.

MINHA DECISÃO

Hoje fixarei a atenção do meu coração na bondade de
Deus, e não permitirei que as dificuldades, pessoas ou
coisas tirem do meu coração a certeza de que a felicidade

depende de mim. E, mesmo que eu venha a falhar, não me entregarei ao desânimo. Deus jamais desiste de mim, e eu também não desistirei da minha fé.

PROMESSAS DE DEUS

Feliz o homem que suporta a tentação.
Porque, depois de sofrer a provação, receberá a coroa da vida que Deus prometeu aos que o amam.
(Tg 1,12)

Provai e vede como o Senhor é bom;
feliz o homem que se refugia junto Dele.
(Sl 33,9)

Se permanecerdes em Mim, e as Minhas palavras permanecerem em vós, pedireis tudo o que quiserdes e vos será feito.
(Jo 15,7)

15
Remédio para o ressentimento

Quem se queixa ou murmura não é cristão perfeito, nem mesmo um bom cristão.

São João da Cruz

Um dos mais tristes e graves sentimentos humanos é o ressentimento. Ele surge de algo real ou imaginário, fazendo-nos transformar determinadas pessoas em nossas inimigas. E, uma vez dominados por essa emoção negativa, passamos a agir por pensamentos, palavras e atitudes capazes de prejudicar tais pessoas. Esse veneno está presente nos relacionamentos familiares, profissionais, na escola, na igreja... A Bíblia nos apresenta a história de Caim e Abel para nos ensinar o efeito negativo do ressentimento. E, ao mesmo tempo, nos oferece o remédio para não nos deixar contaminar por essa presença maléfica. Caim se sente ofendido com o elogio de Deus a seu irmão Abel e, movido pelo ressentimento, o mata. Todos estamos sujeitos a sentir de algum modo o ressentimento, em algum momento da vida. O ressentimento permanece lá onde nós o alimentamos, pois ele é fruto da lembrança de situações do passado que não foram resolvidas. Às vezes, podemos ter sido realmente prejudicados; outras vezes, imaginamos ter sido prejudicados ou, movidos por inveja ou ciúme, nos sentimos mal com o sucesso alheio e nos deixamos envenenar pela raiva, cuja consequência mais grave é o ressentimento. A partir daí, tudo o que a pessoa fizer será motivo para nos levar a prejudicá-la. O ressentimento traz consigo outros sentimentos negativos, como o cinismo e a amargura. Dominados por tais sentimos, não nos importamos com os sentimentos da outra pessoa. O grave é que a pessoa ressentida também espalha mentiras. Numa das meditações da sua missa diária, o Papa Francisco advertiu: "quem fala mal do próximo é um hipócrita, que não tem a coragem de olhar para os próprios defeitos. Aqueles que vivem julgando o próximo, falando mal do outro, são hipócritas, porque não têm a força, a coragem de olhar para os próprios defeitos. O Senhor afirma que quem tem no coração ódio do seu irmão é um homicida...". Qual a vacina para o ressentimento? Em Efésios 4,32 lemos: "**Perdoai-vos uns aos outros, como também Deus vos perdoou, em Cristo**". O perdão liberta, cura, porque libera o amor de Jesus que jorrou da cruz sobre nós.

TRATAMENTO: Quando o ressentimento tentar entrar em sua mente e em seu coração, lembre-se das palavras de Efésios 4,32: "Sede uns com os outros bondosos e compassivos. Perdoai-vos uns aos outros, como também Deus vos perdoou, em Cristo". Em oração, diga: "Senhor, cura-me para que eu não fique envenenado pelo ressentimento". É importante ficar atento ao modo como tratamos as pessoas, e de maneira especial aquelas pelas quais sentimos alguma antipatia. O modo como tratamos as pessoas demonstra quem Deus é para nós.

ORAÇÃO

Salmo 12

Até quando, Senhor, de todo Vos esquecereis de mim? Por quanto tempo ainda desviareis de mim os Vossos olhares?

Até quando aninharei a angústia na minha alma, e, dia após dia, a tristeza no coração?

Até quando se levantará o meu inimigo contra mim? Olhai! Ouvi-me, Senhor, ó meu Deus!

Iluminai meus olhos com Vossa luz, para eu não adormecer na morte, para que meu inimigo não venha a dizer: Venci-o;

e meus adversários não triunfem no momento de minha queda, eu que confiei em Vossa misericórdia.

Antes possa meu coração regozijar-se em Vosso socorro! Então cantarei ao Senhor pelos benefícios que me concedeu.

MINHA DECISÃO

Pedirei a Deus a graça de não permitir que aquilo que os outros dizem ou fazem contra mim continue tendo espaço em meu coração. Com o auxílio do Espírito Santo, quero impedir que meu coração seja invadido pelo malefício do ressentimento. Terei como regra de vida as palavras de Jesus: "**Tudo o que quereis que os homens vos façam, fazei-o vós a eles**" (Mt 7,12).

PROMESSAS DE DEUS

E quando vos puserdes de pé para orar, perdoai, se tiverdes algum ressentimento contra alguém, para que também vosso Pai, que está nos céus, vos perdoe os vossos pecados.

(Mc 11,25)

Mesmo em cólera, não pequeis.
Não se ponha o sol sobre o vosso ressentimento.
Não deis lugar ao demônio.

(Ef 4,26-27)

Quero, pois, que os homens orem em todo lugar, levantando as mãos puras, superando todo ódio e ressentimento.

(1Tm 2,8)

16
Remédio para a ansiedade

Espero tudo do Bom Deus, como uma criancinha espera tudo de seu pai.

Santa Teresinha do Menino Jesus

Uma das enfermidades emocionais mais comuns de nossos tempos é a ansiedade. Trata-se de um sentimento intenso de desassossego, inquietação e preocupação. Nessa hora, parece que o coração salta para a boca, surgem na mente mil ideias de fracasso, o corpo transpira, as mãos ficam frias, surge a vontade de bater em retirada. O trabalho, a família e o dinheiro estão entre as maiores fontes de ansiedade. O motivo é muito simples: a perda do emprego, a separação pelo divórcio ou fim de um relacionamento, a doença ou a morte de um ente querido, a falta de meios para uma vida digna, causam questionamentos acerca do futuro. E quem já não passou por isso ou não irá passar? Todos, uns mais, outros menos. A ansiedade não escolhe idade, etnia, condição social, religiosa ou cultural. Quando ela vem, é capaz de tirar toda capacidade de reagir. E aí a pessoa se entrega.

E, como se não bastasse, a ansiedade também está associada a uma quantidade de enfermidades fatais, como as doenças cardiovasculares, a hipertensão, úlceras, dores de cabeça, problemas da pele, diminuição da resposta imunológica, entre outras. A pessoa ansiosa torna-se vulnerável a enfermidades mais graves. Por isso, é importante enfrentar a ansiedade, reconhecendo seus sintomas, tentando descobrir suas causas, antes que a doença se torne fatal. Um escritor americano, Mark Twain, disse: "Eu passei por algumas coisas terríveis em minha vida, algumas aconteceram realmente". Essas palavras possuem uma sabedoria profunda porque mostram que perdemos muito tempo preocupando-nos com coisas que já aconteceram, ou com aquilo que ainda vai acontecer. E aí passamos grande parte de nossa vida presos aos fracassos do passado ou às possíveis ameaças do futuro.

Não devemos nos desesperar diante da ansiedade. Muitas vezes, ela vem lentamente pelas mais diferentes circunstâncias, e domina nossa mente, levando-nos a ter preocupações reais ou imaginárias. Nesses momentos, é importante ter consciência dessa presença negativa. No entanto, precisamos tomar cuidado para não acrescentar outros sentimentos negativos: pessimismo, culpa, pânico... Nunca se deixe levar pelo pensamento de que Deus está censurando você por estar ansioso. Ele nos entende e deseja nos ajudar a superar essa situação. Na Carta aos Filipenses, 4,6-7, São Paulo nos dá uma palavra inspiradora: "**Não vos inquieteis com nada! Em todas as circunstâncias, apresentai a Deus as vossas preocupações, mediante a oração, as súplicas e a ação de graças. E a paz de Deus, que excede toda a inteligência, haverá de guardar vossos corações e vossos pensamentos, em Cristo Jesus**". São Paulo está nos dizendo que nos ocupemos dos problemas reais, não permitindo que fantasias da nossa imaginação nos tirem o ânimo diante da vida. O importante é, com a ajuda da graça de Deus, aprender a reconhecer os nossos medos quando surgem, junto com os pensamentos negativos e as sensações físicas que os acompanham, para reagir de maneira adequada. Não temos que ficar dando asas a problemas inexistentes.

TRATAMENTO: Quando sentir a ansiedade tentando dominar seus sentimentos, imediatamente repita no coração, quantas vezes forem necessárias, a palavra de Filipenses 4,6: "Não vos inquieteis com nada! Em todas as circunstâncias apresentai a Deus as vossas preocupações".

ORAÇÃO

Senhor, só Tu conheces o meu coração, por isso, com fé e humildade, peço-Te a graça de aprender a lançar sobre Ti as minhas ansiedades e preocupações. Quero me abandonar em Teus braços, confiar e aguardar serenamente a Tua ação em minha vida! Guarda meus pensamentos, sentimentos e meus sentidos, para que eu não tenha tanta preocupação. Ajuda-me a manter minha mente centrada no que é bom para mim e para o Teu Reino. Santifica-me, para que eu possa ser uma pessoa cheia do Espírito Santo, irradiando serenidade, calma e paz! Dá-me forças para que eu possa manter minhas emoções e pensamentos firmes na confiança em Deus. Senhor, agradeço porque sei que estás cuidando de mim. Vou procurar seguir cada passo que me mostrares ser necessário para que Teu plano se cumpra na minha vida. Confio em Ti e em Tua Palavra. Entrego-Te todas as minhas ansiedades e preocupações. Cura-me de toda preocupação excessiva!

Confio e espero em Ti.

Amém.

MINHA DECISÃO

Com a ajuda de Deus, vou enfrentar os meus medos e minhas inseguranças, não permitindo que minha mente veja apenas o lado ruim do meu passado, nem colocando dificuldades nas realizações do presente ou nas possibilidades do futuro. Vou viver a certeza de que cada novo dia é a oportunidade dada por Deus para a minha realização como pessoa criada à Sua imagem e semelhança.

PROMESSAS DE DEUS

Meus inimigos continuamente me espezinham, são numerosos os que me fazem guerra. Ó Altíssimo, quando o terror me assalta, é em Vós que eu ponho a minha confiança.
(Sl 55,3-4)

Não vos inquieteis com nada! Em todas as circunstâncias apresentai a Deus as vossas preocupações, mediante a oração, as súplicas e a ação de graças.
(Fl 4,6)

Nada temas, porque estou contigo, não lances olhares desesperados, pois Eu sou teu Deus; Eu te fortaleço e venho em teu socorro, Eu te amparo com Minha destra vitoriosa.
(Is 41,10)

Remédio para a rotina

*Quando o querer é completo,
o trabalho se torna um lazer.*

Santo Agostinho

Todas as manhãs acordamos, e cada um parte para um dia repleto de trabalho e atividades. Alguns ficam em casa, repetindo as tarefas de costume. Outros, nos seus locais de trabalho, fazem sempre a mesma coisa. E existem aqueles que vivem sós, pelos motivos mais diversos. Seja qual for a nossa situação, não podemos nos deixar levar pela rotina do dia a dia. Tampouco nos sentir inúteis, devido à idade ou à enfermidade. Ao contrário, comecemos o dia pedindo: "Senhor, ajuda-me a encontrar um sentido no meu viver, um particular gosto nas minhas tarefas, por mais simples que sejam". Este é o conselho de São Paulo em Colossenses 3,23: **"Tudo o que fizerdes, fazei-o de bom coração, como para o Senhor e não para os homens"**.

Nem sempre podemos escolher o que fazer. Entretanto, podemos escolher como viver o nosso dia a dia. Isso significa decidir fazer o bem que está ao nosso alcance. Um sorriso, uma gentileza, fazer algo desinteressadamente ou sem esperar reconhecimento, usar sempre a honestidade, em tudo e com todos. E é claro que não podemos nos esquecer da oração por tudo e por todos. Ela tem o poder de mudar corações e até mesmo o curso da própria história. Um dos grandes segredos para dar o melhor de nós em qualquer atividade é estarmos inteiros naquilo que fazemos. Se de fato temos consciência de que é para o Senhor, não nos preocuparemos em olhar para os outros para competir. Por que nossos trabalhos passam a ser um fardo e acabamos por realizá-los mecanicamente? Principalmente por dois motivos: deveríamos estar fazendo outra coisa, ou perdemos o fogo da paixão. Temos de estar atentos para não cair na armadilha daqueles que realizam seu trabalho apenas porque são remunerados. Estes nunca estão satisfeitos, estão sempre reclamando de algo ou de alguém, e criam um ambiente ruim. O cristão não pode fazer parte desse grupo, pois tem a missão de testemunhar, em qualquer lugar e situação, a certeza de que trabalha em nome de Deus. Por isso, o cristão deseja realizar o melhor do seu potencial.

TRATAMENTO: Quando sentir a rotina tentando dominar seus sentimentos, imediatamente repita no coração, quantas vezes forem necessárias, a palavra de Colossenses 3,23: "Tudo o que fizerdes, fazei-o de bom coração, como para o Senhor e não para os homens".

ORAÇÃO

Senhor Jesus, assim como Te entregaste nas mãos do Pai, eu também venho agora a Ti me entregar. Entrego-Te todo o meu ser, corpo e alma, consagrando-os a Ti, abandonando-me totalmente em Tuas mãos, e nada quero em mim reter. Tudo é Teu: o meu passado, presente e futuro; o que me deste, meus entes queridos, minha família. Confio a Ti o nosso sustento espiritual e material, pois creio na Tua Providência Divina. As minhas preocupações, o meu fardo, também os deposito diante de Ti. Agradeço-Te por tudo e aceito tudo o que assim me permitistes passar, pois creio fortemente que Tu me amas e confio incondicionalmente no Teu amor por mim!

Amém.

MINHA DECISÃO

Tentarei a cada dia dar o melhor de mim no lugar onde estou, lembrando sempre que minhas atividades são a oportunidade de passar a ser colaborador de Deus.

PROMESSAS DE DEUS

**Confia teus negócios ao Senhor
e teus planos terão bom êxito.**
(Pr 16,3)

Fazei todas as coisas sem murmurações nem críticas, a fim de serdes irrepreensíveis e inocentes, filhos de Deus íntegros no meio de uma sociedade depravada e maliciosa, onde brilhais como luzeiros no mundo.
(Fl 2,14-15)

Quer comais, quer bebais ou façais qualquer outra coisa, fazei tudo para a glória de Deus.
(1Cor 10,31)

Remédio para sorrir

A alegria abre,
a tristeza fecha o coração.

São Francisco de Sales

A cada dia as pessoas vão perdendo a capacidade de sorrir, de assobiar tranquilamente na rua, de se cumprimentar com atenção e sinceridade. Os problemas se sucedem em nossa vida, deixando em nós a amarga sensação de fracasso, de desânimo. Nesses momentos, toda a alegria de viver desaparece. Afinal, quem aguenta solidão, brigas na família, traição de amigos, dificuldades financeiras, doença...? Não existe alegria para quem se sente derrotado. Por outro lado, às vezes a tristeza é fruto da ideia infantil da importância da opinião dos outros sobre nós. Todos desejamos ser amados, respeitados e valorizados. Por vários motivos, nem sempre isso acontece. Então, passamos a imaginar que ninguém gosta de nós, que todos querem nos prejudicar. A solução está em parar de lamentar a nossa sorte e levantar a cabeça, manter-nos em pé, firmes nas promessas do nosso bom Deus. Não existe melhor remédio do que ouvir o sussurro de Deus dizendo: "Coragem, vamos em frente. Nada de desânimo!". Quando passamos por turbulências em nossa vida, somos tentados a trabalhar mais ou, o que é ainda mais grave, a envolver-nos com álcool, drogas, jogo... Não chegue a esse ponto e, se chegou, não se esqueça de que existe saída. Aproxime-se de Jesus, não tenha medo de falar do seu problema; se preciso, chore junto Dele. Ele jamais censurará você, mas dará o consolo e a força para a reação. Tenha presentes no coração as palavras de Neemias 8,10: "**Não haja tristeza, porque a alegria do Senhor será a vossa força**".

Certa vez, alguém perguntou a Madre Teresa de Calcutá qual a melhor qualidade para quem quisesse trabalhar com ela. Ela abriu um grande sorriso e disse: "Não ter medo de trabalhar duro e sorrir sempre. A pessoa que dá um sorriso é a melhor doadora, Deus ama quem se doa com alegria". E Madre Teresa fez questão de completar: "Todos podem trabalhar duro, mas isso não é suficiente; o mundo já tem muitas tristezas, por isso é preciso trabalhar com alegria".

Antes de sair do quarto, olhe-se no espelho, dê um sorriso para você mesmo. E torne-se um irradiador do sorriso durante o dia. Olhe para as pessoas com um sorriso, chegue ao trabalho sorrindo, faça do sorriso o diferencial de sua vida. O sorriso é uma das maneiras para iluminar as pessoas, conforme nos diz Jesus: "**Brilhe vossa luz diante dos homens, para que vejam as vossas boas obras e glorifiquem vosso Pai que está nos céus**". (Mt 5,16)

TRATAMENTO: Quando sentir o mau humor tentando dominar seus sentimentos, imediatamente repita no coração, quantas vezes forem necessárias, a palavra de Neemias 8,10: "**Não haja tristeza, porque a alegria do Senhor será a vossa força**".

ORAÇÃO

Prece para pedir o bom humor

Senhor, dai-me uma boa digestão
e também algo para digerir.
Dai-me a saúde do corpo e o bom humor
necessário para mantê-la.

Dai-me, Senhor, uma alma simples que saiba aproveitar
tudo aquilo que é bom e que nunca se assuste diante
do mal, mas, pelo contrário, encontre sempre uma
maneira de pôr cada coisa no seu lugar.

Dai-me uma alma que não conheça o tédio,
as murmurações, as mágoas e as lamentações;
e não permiti que me preocupe excessivamente com
aquela coisa complicada demais que se chama "eu".

Dai-me, Senhor, o senso do bom humor.

Concedei-me a graça de apreciar tudo o que
é divertido para descobrir na vida um pouco
de alegria e também para partilhá-la
com os outros.
Amém.

São Thomas More

MINHA DECISÃO

Vou seguir o conselho do Papa Francisco sobre os três sorrisos: "Primeiro, devemos sorrir porque Deus sorri; segundo, sorrir porque, apesar dos nossos defeitos, Deus ainda assim nos ama; e terceiro, porque as pessoas precisam do nosso sorriso, quem sorri leva Deus".

PROMESSAS DE DEUS

Disse-vos essas coisas para que a Minha alegria esteja em vós, e a vossa alegria seja completa.
(Jo 15,11)

Coração alegre, bom remédio; um espírito abatido seca os ossos.
(Pr 17,22)

Não temas, terra, estremece de alegria e de júbilo, porque o Senhor fez grandes coisas.
(Jl 2,21)

Remédio para viver o hoje

Precisamos sempre de duas coisas: da graça de Deus em nós e da providência de Deus sobre nós.

São João Câncio

Em toda a Bíblia, a palavra *ontem* aparece 12 vezes; *amanhã*, 58 vezes e *hoje*, 266 vezes. Isso nos revela a importância que Deus dá ao presente e a um modo de vida em que a cada dia se valorizam as graças recebidas. Essa atitude de vida só é possível se não ficamos presos ao passado e se temos plena confiança de que nossa vida está nas mãos de Deus. Ontem é passado, amanhã ainda não chegou, e hoje é a oportunidade de sermos felizes. Poucos compreendem o segredo extraordinário dessas palavras. Cada dia inclui tudo o que é próprio de um dia. A cada dia temos alegrias e tristezas, encontros e desentendimentos, boas e más notícias. Cada dia é o convite para confiar que toda a nossa vida está nas mãos de Deus. Não é fácil assumir essa convicção. Santa Teresa de Ávila nos dá uma palavra muito forte, que convém repetir toda vez que precisarmos reencontrar a paz do coração: "Nada te perturbe, nada te assuste; tudo passa, Deus não muda; a paciência consegue tudo; a quem tem Deus, nada falta. Só Deus basta". A cada dia é necessário preparar o coração para não se deixar contaminar pela amargura, pelo pessimismo ou pelo desânimo. E isso é mais fácil do que imaginamos. É importante entender que o passado não volta, e portanto não existe nada que possa ser dito ou feito para mudá-lo. Aquilo que fazia parte da nossa vida ontem já está nas mãos bondosas de Deus. O mesmo vale para o amanhã, com as possibilidades de sucesso ou de fracasso. O futuro pertence a Deus. A nossa parte é viver bem hoje, como nos ensina Jesus em Mateus 6,34: "**Não vos preocupeis, pois, com o dia de amanhã: o dia de amanhã terá as suas preocupações próprias. A cada dia basta o seu cuidado**". Quem tenta carregar o peso do passado e dos dias que virão está destinado à infelicidade. O que significa isso? Se as coisas não deram certo até ontem, hoje é um outro dia. Ontem deu tudo errado, você levantou atrasado, não cumpriu os horários, chamaram a sua atenção, discutiu com alguém querido, perdeu alguém ou algo importante... Hoje já não é ontem, é um novo dia com novas oportunidades.

> **TRATAMENTO:** Quando sentir que as lembranças do passado ou a preocupação com o futuro tentam dominar seus sentimentos, imediatamente repita no coração, quantas vezes forem necessárias, a palavra de Mateus 6,34: "Não vos preocupeis, pois, com o dia de amanhã: o dia de amanhã terá as suas preocupações próprias. A cada dia basta o seu cuidado".

ORAÇÃO

Hoje, apenas hoje!
Procurarei viver pensando apenas no dia de hoje,
sem querer resolver de uma só vez todos
os problemas da minha vida.

Hoje, apenas hoje, terei o máximo cuidado com minha convivência: afável nas minhas maneiras, ninguém criticarei, nem pretenderei melhorar ou corrigir ninguém à força, a não ser a mim mesmo.

Hoje, apenas hoje, serei feliz na certeza de que fui criado para a felicidade, não apenas no outro mundo, mas também já neste.

Hoje, apenas hoje, adaptar-me-ei às circunstâncias, sem pretender que sejam todas as circunstâncias a se adaptarem aos meus desejos.

Hoje, apenas hoje, dedicarei dez minutos a uma boa leitura. Assim como o alimento é necessário à a vida do corpo, assim a boa leitura é necessária à vida do espírito.

Hoje, apenas hoje, farei uma boa ação e não direi nada a ninguém.

Hoje, apenas hoje, farei ao menos uma coisa que me custe fazer; e, se me sentir ofendido nos meus sentimentos, procurarei fazer com que ninguém o saiba.

Hoje, apenas hoje, executarei um programa detalhado. Talvez não o cumpra perfeitamente, mas ao menos o escreverei. E fugirei de dois males: a pressa e a indecisão.

Hoje, apenas hoje, acreditarei firmemente — embora as circunstâncias mostrem o contrário — que Deus se ocupa de mim como se não existisse mais ninguém no mundo.

Hoje, apenas hoje, não terei nenhum medo. De modo especial, não terei medo de apreciar o que é belo e de crer na bondade.

Amém.

João XXIII

MINHA DECISÃO

Todas as vezes que a lembrança do passado me fizer sofrer ou a preocupação do futuro me agitar, vou repetir: "Deus me deu este dia, o passado já passou e o futuro pertence a Ele".

PROMESSAS DE DEUS

Confia teus negócios ao Senhor
e teus planos terão bom êxito.
(Pr 16,3)

Quando em meu coração se multiplicam
as angústias, Vossas consolações
alegram a minha alma.
(Sl 93,19)

Não vos preocupeis, pois, com o dia de amanhã:
o dia de amanhã terá as suas preocupações próprias.
A cada dia basta o seu cuidado.
(Mt 6,34)

Remédio para os pensamentos negativos

*Poderemos vencer sempre,
uma vez que queremos combater.*

São Francisco de Sales

Os nossos pensamentos têm o poder de influenciar as nossas palavras e atitudes. Se somos dominados pela impressão de sermos incapazes de realizar determinada coisa, criamos dentro de nós a condição para isso se tornar realidade. E isso significa ser dominado pela derrota. O melhor meio de se tornar um vencedor é não se deixar dominar pelos pensamentos negativos. É possível? Sim. Em Joel 4,9-10 lemos: "**Proclamai isto entre as nações: Declarai a guerra! Chamai os valentes! Aproximem-se, subam todos os guerreiros! Os vossos arados, transformai-os em espadas, e as vossas foices, em lanças! Mesmo o enfermo diga: Eu sou guerreiro!**".

Existem três meios para ser um guerreiro de Deus:

- Diante de uma situação difícil, é necessário estar atento para não pensar: "Provavelmente perderei". Ao contrário, diga: "Vou dar o melhor de mim, para alcançar êxito". Nunca se esqueça de uma verdade muito simples: ao pensar no êxito, e agindo nessa direção, você estará criando as condições para alcançá-lo.

- Tenha sempre em mente o valor recebido de Deus. Os pensamentos negativos nos dominam quando imaginamos que o triunfo só pode ser alcançado pelas pessoas mais inteligentes, espertas ou com mais sorte. As pessoas com êxito na vida não têm essa descrição; elas são pessoas normais, que desenvolveram a certeza de obterem sucesso naquilo que se propuseram fazer.

- E por fim: dedique-se com determinação para conseguir suas metas, sem desanimar diante dos obstáculos, das críticas ou das dificuldades.

TRATAMENTO: Quando sentir a invasão dos pensamentos negativos tentando dominar seus sentimentos, imediatamente repita no coração, quantas vezes forem necessárias, a palavra de Joel 4,10: "**Eu sou guerreiro!**".

ORAÇÃO

Meu Senhor e Deus, tenho tanta certeza de que cuidas de todos os que esperam em Ti, e que nada pode faltar àqueles que esperam tudo de Ti, que decidi, como norma, viver sem nenhuma preocupação e dirigir a Ti toda minha inquietude.

Os homens podem despojar-me de todos os bens e mesmo da minha honra; as doenças podem privar-me das forças e dos meios para servir-Te; com o pecado, posso até perder a Tua graça, mas jamais perderei a minha confiança em Ti. Vou conservá-la até o extremo da minha vida, e o demônio, com todos os seus esforços, não conseguirá tirá-la de mim.

Eis por que tenho absoluta certeza de ser eternamente feliz: porque tenho a inabalável confiança de sê-lo e porque o espero unicamente de Ti. Amém.

São Cláudio de La Colombière

MINHA DECISÃO

Lutarei para não ser contaminado pelos pensamentos negativos. Mesmo não sabendo a vontade de Deus, direi: "Tudo o que Ele fizer será bom para mim, creio no Seu amor por mim".

PROMESSAS DE DEUS

Tudo o que pedirdes com fé na oração, vós o alcançareis.
(Mt 21,22)

Tudo é possível ao que crê.
(Mc 9,23)

Tudo posso Naquele que me conforta.
(Fl 4,13)

Remédio para perdoar

Pensemos e peçamos perdão, porque o que fazemos ao próximo, ao amigo, fazemo-lo a Jesus. Porque Jesus está neste amigo.

Papa Francisco

Você já parou para pensar como é difícil perdoar? Às vezes, ouço algumas pessoas dizerem: "Eu não permito que pouca coisa me magoe". Será mesmo verdade que é possível passar por cima de infidelidades, disputas, injustiças, traumas, abusos...? E isso acontece no relacionamento familiar, nas amizades, no ambiente de trabalho, na igreja etc. Ignorar a possibilidade dos atritos e suas consequências é como tentar tapar o Sol com a peneira. Se não tomamos cuidado com as feridas das ofensas sofridas, elas se acumulam. E, um dia, tornam-se insuportáveis a ponto de transformar a convivência em algo difícil ou até destruí-la.

Por que é difícil perdoar? Talvez porque tentemos ignorar que a convivência com as pessoas é feita de alegrias, mas também existem os conflitos. Não adianta negar tal verdade ou tentar disfarçar como se nada estivesse acontecendo. Se alguém diz que não se sente mal ao saber que foi enganado de algum modo, está faltando com a sinceridade ou está mascarando o orgulho.

A mensagem do perdão pode ser estranha para o mundo, mas não pode ser para o cristão. Jesus nos diz: "**Tendes ouvido o que foi dito: Amarás o teu próximo e poderás odiar teu inimigo. Eu, porém, vos digo: amai vossos inimigos, fazei bem aos que vos odeiam, orai pelos que vos [maltratam e] perseguem**" (Mt 5,43-44).

Nunca existirá verdadeiro cristianismo, se no coração existir recusa em perdoar. A falta de perdão separa famílias, desfaz amizades, divide a Igreja, gera conflitos sociais e até guerras. E, se nos dizemos cristãos, ao nos recusar a perdoar, demonstramos não possuir o tesouro mais precioso de Deus: o amor.

O Papa Francisco nos alerta: "Se nós vivermos segundo a lei do 'olho por olho, dente por dente', jamais sairemos da espiral do mal. O Maligno é inteligente, e nos faz acreditar que com nossa justiça humana podemos nos salvar e salvar o mundo". Ele concluiu as suas palavras, convidando todos os presentes a um gesto concreto: "Eu lhes peço uma coisa agora. Em silêncio, todos, pensemos, cada um pense, em uma pessoa com a qual se desentenderam, com a qual estamos zangados e de quem não gostamos. Pensemos nessa pessoa e em silêncio, neste momento, oremos por essa pessoa. E sejamos misericordiosos para com essa pessoa".

TRATAMENTO: Quando sentir a dificuldade para perdoar tentando dominar seus sentimentos, imediatamente repita no coração, quantas vezes forem necessárias, as palavras de Mateus 5,44: "**Amai vossos inimigos, fazei bem aos que vos odeiam, orai pelos que vos [maltratam e] perseguem**".

ORAÇÃO

Ó Deus, que tendes compaixão de todos e perdoai a todos com bondade, olhai para as minhas fraquezas e debilidades e tende piedade de mim. Ajudai-me a enxergar as áreas de minha vida que estão em escuridão pela falta de perdão. Iluminai minha mente, meu coração e minha alma. Não permitais que nenhuma área do meu ser permaneça em escuridão. Revelai-me todas as áreas onde há falta de perdão, onde há amargura, ressentimento, ódio e raiva. Dai-me a força e o desejo de me abrir ao dom e à graça do perdão, de aceitá-lo e de agir de acordo com ele.

Senhor, curai-me da dificuldade de perdoar que trago em meu coração contra… *[faça uma lista das pessoas de quem você sente raiva porque lhe fizeram algum mal]*. Reconheço que esse sentimento tem feito muito mal para mim, por isso ajudai-me a perdoar.

MINHA DECISÃO

Terei sempre presente que o perdão é a atitude que diz se sou verdadeiro cristão ou não. Na hora do ódio ou da vingança, tentarei me lembrar da cruz, onde fui perdoado por Jesus, e pedirei Sua graça para me libertar de meu sentimento da falta de perdão.

PROMESSAS DE DEUS

Tendes ouvido o que foi dito: Amarás o teu próximo e poderás odiar teu inimigo. Eu, porém, vos digo: amai vossos inimigos, fazei bem aos que vos odeiam, orai pelos que vos [maltratam e] perseguem.

(Mt 18,21-22)

E, quando vos puserdes de pé para orar, perdoai, se tiverdes algum ressentimento contra alguém, para que também vosso Pai, que está nos céus, vos perdoe os vossos pecados. Mas, se não perdoardes, tampouco vosso Pai que está nos céus vos perdoará os vossos pecados.

(Mc 11,25-26)

Suportai-vos uns aos outros e perdoai-vos mutuamente, toda vez que tiverdes queixa contra outrem. Como o Senhor vos perdoou, assim perdoai também vós.

(Cl 3,13)

Remédio para o êxito diante da vida

Deus não nos chamou para ser somente bem-sucedidos, mas fiéis.

Madre Teresa de Calcutá

O Senhor quer ajudar você em seu dia a dia a não desanimar diante das dificuldades que são normais na vida de todas as pessoas. Ele deseja dar a força para que você reaja e viva como filho Dele — filho de Rei. Ele tem o poder para derrubar todos os seus inimigos, fazer você enfrentar e vencer a pior das situações, impedir que falte o pão de cada dia, curar as enfermidades... Porém, quantas vezes vem um problema inesperado e brota no coração a murmuração, uma certa dúvida? E aí perguntamos: Por que isso está acontecendo? Onde está Deus? É o que vemos os hebreus fazendo, depois de terem visto milagres como: a derrota do faraó do Egito, as águas do mar Vermelho se abrindo. Em Números 21,5 lemos: "**Mas o povo perdeu a coragem no caminho, e começou a murmurar contra Deus e contra Moisés: 'Por que, diziam eles, nos tirastes do Egito, para morrermos no deserto onde não há pão nem água? Estamos enfastiados deste miserável alimento'**". — Nós também muitas vezes agimos assim, não é verdade? A murmuração abre as portas para a vinda das serpentes venenosas que matam toda a nossa coragem para reagir, conforme Números 21,6: "**Então o Senhor enviou contra o povo serpentes ardentes, que morderam e mataram muitos**". Qual foi a solução? Em Números 21,8 está escrito: "**E o Senhor disse a Moisés: 'Faze para ti uma serpente ardente e mete-a sobre o poste. Todo o que for mordido, olhando para ela será salvo'**". Você foi mordido pela serpente da raiva, da decepção, da falta de coragem para enfrentar o problema, está com vontade de desistir de tudo? Deus está dizendo: não se torne um perdedor... o mundo já está repleto deles. Olhe para a cruz — olhe para Jesus! Diante de suas lutas diárias, tente dizer: "Eu olho para Jesus, sei que Ele veio por causa de mim...". E por que Ele veio? Para, com o Espírito Santo, acender o fogo do amor de Deus. Deixe esse amor entrar lá onde estão seus erros, fracassos e reclamações. Ele é o remédio mais eficaz para você entender que está no mundo com um propósito. Foi Deus quem criou você, e ninguém melhor do que Ele para saber o que é melhor para sua vida. Se você estiver unido a Deus, e se os seus planos estiverem em sintonia como o plano Dele, nada o impedirá de alcançar seus sonhos. A garantia é da Palavra de Deus: "**O coração do homem dispõe o seu caminho, mas é o Senhor que dirige seus passos**" (Pr 16,9).

TRATAMENTO: Diante das suas lutas diárias, faça o exercício de cura com a cruz. Lembrando-se dela ou olhando para uma, diga: "Eu olho para Jesus, sei que Ele veio por causa de mim...". A graça de Jesus será o antídoto para todos os venenos das dificuldades do dia a dia.

ORAÇÃO

Ó Espírito Santo, amor do Pai e do Filho!
Inspirai-me sempre aquilo que devo pensar,
aquilo que devo dizer,
como eu devo dizê-lo,
aquilo que devo calar,
aquilo que devo escrever,
como eu devo fazer,
aquilo que devo fazer, para procurar
a vossa glória, o bem das pessoas
e minha própria santificação.
Ó Jesus, toda a minha confiança está em vós.

Cardeal Mercier

MINHA DECISÃO

Nos momentos difíceis da minha vida, motivados pelos erros pessoais, por dificuldades familiares, doença, problemas financeiros, incompreensão das pessoas... vou me lembrar da cruz de Jesus, lugar onde todos os meus problemas já foram colocados. Por isso, não desistirei. Dela continua jorrando o infinito amor de Deus por mim. E, com esse amor, todos os dias buscarei alcançar meus objetivos com coragem e esperança.

PROMESSAS DE DEUS

Com o auxílio de Deus faremos proezas,
ele abaterá nossos inimigos.
(Sl 59,14)

O Senhor Deus vem em meu auxílio:
quem ousaria condenar-me?
(Is 50,9)

Deus não nos deu um espírito de timidez,
mas de fortaleza, de amor e de sabedoria.
(2Tm 1,7)

Remédio para a preocupação

Há três caminhos para o fracasso: não ensinar o que se sabe, não praticar o que se ensina, e não perguntar o que se ignora.

São Beda

Existem pessoas que passam a impressão de estar sempre preocupadas, nunca são capazes de relaxar. A preocupação não é o problema, porque ela afeta a todos. O problema está no modo como lidamos com ela, dando-lhe a liberdade para nos tirar a paz. E, se não bastassem os transtornos psicológicos, existem também inúmeras doenças, como alergias, problemas cardíacos e de pressão... Novamente, é importante examinar o modo como lidamos com os nossos pensamentos, quando somos colocados diante de situações difíceis. Se em nossa mente existe uma espécie de síndrome de que tudo irá sempre mal, seremos invadidos pela preocupação doentia. O motivo vem de dois lados: a falta de confiança em nós, e a falta de confiança em Deus. A promessa de Jesus é muito clara: "**Tudo é possível ao que crê**" (Mc 9,27). Essas palavras indicam a importância de nos lançarmos com coragem para alcançar êxito. Será que é errado pensar desse modo? Evidentemente que não, se de fato estamos trabalhando com energia. Agora, se a pessoa é dominada pela preocupação de modo negativo, todos os esforços parecerão inúteis. De nada adianta aconselhar esse tipo de pessoa, rezar com ela, estimulá-la a uma mudança, pois no fim ela continuará com medo de arregaçar as mangas para vencer a causa de sua preocupação. É como se a pessoa estivesse dizendo: e se isso não acontecer?, e se amanhã chover?, e se eu ficar doente?, e perder o emprego? ... O primeiro passo para não deixar a preocupação nos dominar é ter presente que ela não pode melhorar a nossa situação. Ao contrário, a preocupação apenas nos enfraquece. Nossa reação deve ser a de nos educar a não ver o mal em tudo, mas dizer a nós mesmos: "Vou enfrentar essa situação com a ajuda de Deus". O motivo principal de todo excesso de preocupação diante da vida é a incapacidade de viver cada dia com a certeza de que Deus está no controle. Nosso empenho, somado aos cuidados de Deus, tem como resultado a confiança para enfrentar os problemas. Esta é a certeza dada por Jesus: "**Vinde a mim, vós todos que estais aflitos sob o fardo, e Eu vos aliviarei. Tomai Meu jugo sobre vós e recebei minha doutrina, porque Eu sou manso e humilde de coração e achareis o repouso para as vossas almas**" (Mt 11,28-29). Jesus está dizendo: "Coloque as suas preocupações nos Meus ombros, deixe-Me renovar as suas forças". Não é maravilhosa essa certeza? Não desanime se você se sentir preocupado, reaja com a certeza de que Deus sabe de cada um de nossos medos e necessidades.

> **TRATAMENTO:** Quando sentir a preocupação tentando dominar seus sentimentos, imediatamente repita no coração, quantas vezes forem necessárias, as palavras de Mateus 11,28: "Vinde a Mim, vós todos que estais aflitos sob o fardo, e Eu vos aliviarei".

ORAÇÃO

Senhor, concede-me a serenidade
Para aceitar as coisas
Que não posso mudar,
Coragem para mudar
As coisas que posso,
Sabedoria para compreender
A preciosidade da vida,
Hoje conduzida com serenidade,
Gostando do momento em silêncio,
Aceitando a contrariedade como o sentido
Que conduz à paz,
Acolhendo, como Tu,
Este mundo pecador assim como é,
Não como eu gostaria que fosse.

Confiando que Tu, ó Senhor,
Ordenas todas as coisas,
Na miséria com qual eu me submeto
À Tua vontade,
Para que possa viver feliz
Nesta vida
E plenamente alegre Contigo,
Para sempre, na outra.
Amém.

MINHA DECISÃO

Diante das minhas preocupações, colocarei a minha fé em Jesus. Trabalharei para que preocupações sem sentido não destruam a minha paz interior. Se não for possível mudar determinada situação, procurarei enfrentá-la do melhor modo. E também lembrarei que tudo uma hora passa.

PROMESSAS DE DEUS

Inútil levantar-vos antes da aurora, e atrasar até alta noite vosso descanso, para comer o pão de um duro trabalho, pois Deus o dá aos seus amados até durante o sono.
(Sl 126,2)

Mas qual de vós, por mais que se preocupe, pode acrescentar um só côvado à duração de sua vida? Se vós, pois, não podeis fazer nem as mínimas coisas, por que estais preocupados com as outras?
(Lc 12,25-26)

Depõe no Senhor os teus cuidados, porque Ele será teu sustentáculo; não permitirá jamais que vacile o justo.
(Sl 54,23)

24
Remédio para os problemas financeiros

Muitos seguem a Jesus até a distribuição do pão, mas poucos até beberem o cálice da paixão.

Tomás de Kempis

Diante da luta pela sobrevivência, surgem o medo e a insegurança. O que devo fazer? Como enfrentar o perigo de uma crise financeira? A primeira coisa é perguntar: onde você tem colocado a sua segurança? Em Deus, em pessoas ou em coisas? Ser cristão não é ter a garantia de que essas realidades ruins não irão nos atingir. Entretanto, também sabemos que só se desespera quem não espera em Deus. Nos momentos difíceis da vida é que testemunhamos onde temos colocado a nossa segurança. Não podemos ficar de braços cruzados, desanimados ou esperando que Deus faça também a parte que cabe a nós. Não nos deixemos contaminar pelas dificuldades da vida, tenhamos a coragem de dizer: "A crise pode fechar uma porta, mas com Deus posso lutar e alcançar a vitória". Evidentemente, Deus não quer que passemos por provações, pois Ele é o Deus da provisão. Ele pode e quer abençoar as nossas mãos e nos dar sabedoria para que tenhamos as redes das nossas necessidades repletas de suas bênçãos. Todos os dias, acredite que Deus deseja dar a você o melhor. Ele jamais nos abandona deixando-nos encontrar sozinhos a solução dos problemas. Se está desempregado, saia de casa tendo colocado a sua busca do sustento nas mãos de Deus. Se está empregado, agradeça. Se o negócio não está bem, coloque-o na presença de Deus. Deus derramou o maná no deserto, e o povo teve que buscá-lo. A viúva de Serepta, no tempo do profeta Elias, recebia de Deus a farinha, mas tinha que fazer o pão. Pedro ouviu a ordem de Jesus para jogar a rede, obedeceu e teve que puxar as redes cheias de peixes. A conclusão é: não se deixe vencer pelas dificuldades financeiras, faça a sua parte e confie em Deus, pois Ele sempre age em nosso favor. Ele somente pede: "**Não digas no teu coração: a minha força e o vigor do meu braço adquiriram-me todos esses bens.** Lembra-te de que é o Senhor, teu Deus, quem te dá a força para adquiri-los" (Dt 8,17-18).

TRATAMENTO: Quando sentir os problemas financeiros tentando dominar seus sentimentos, imediatamente repita no coração, quantas vezes forem necessárias, as palavras de Deuteronômio 8,18: "**É o Senhor, teu Deus, quem te dá a força para adquiri-los**". Com essas palavras na mente, no coração e nos lábios, vá a luta. Deus estará conduzindo seus passos.

ORAÇÃO

Jesus misericordioso, fonte de todas as graças,
hoje venho a Ti, para pedir a bênção
para que não falte alimento em minha mesa.

Tu prometeste: "Pedi e recebereis",
e eu agora peço: abençoa minhas capacidades
e esforços, para que, através do meu trabalho,
eu tenha sempre o sustento necessário.

Eu sei que todos aqueles que em Ti confiam
não são desamparados.

Guarda a mim e minha casa do perigo do desemprego,
da fome, da miséria.
E, se porventura vier, concede-me forças para reagir.

Tira do meu coração, se existir,
todo pessimismo ou falta de coragem para lutar.

Afasta o espírito devorador,
que deseja tirar a minha confiança na Providência Divina.

Abençoa-me para ter condições de viver dignamente,
e dai-me prosperidade em tudo o que empreender.
Amém.

MINHA DECISÃO

Não permitirei que os problemas financeiros abalem a minha confiança na minha capacidade para reagir. Se uma porta se fechar, com a força de Deus baterei em outra. Se eu cair, segurarei na mão de Deus e serei levantado.

PROMESSAS DE DEUS

Bem conheço os desígnios que mantenho para convosco — diz o Senhor —, desígnios de prosperidade e não de calamidade, de vos garantir um futuro e uma esperança.

(Jr 25,11)

Deus há de prover magnificamente
a todas as vossas necessidades,
segundo a sua glória, em Jesus Cristo.

(Fl 4,19)

O ganancioso provoca brigas,
mas quem confia no Senhor prosperará.

(Pr 28,25)

Remédio para a cura dos erros do passado

Nada estará perdido enquanto estivermos em busca.

Santo Agostinho

Quantas pessoas são atormentadas pelas imagens negativas do seu passado. Existem problemas que necessitam de uma ação mais profunda do Espírito Santo e de um tempo para cicatrizar. Quantos, desde o momento da concepção, não foram desejados, outros nasceram em lares numerosos e cresceram com carências afetivas, outros nem conheceram seus pais, foram criados por parentes ou enviados para alguma instituição? Quantos viveram momentos dramáticos de lares dominados pela violência e pelo alcoolismo? Quantos guardam as marcas dos castigos, traumas ou abusos de toda ordem? E poderíamos continuar enumerando as feridas interiores acumuladas na história da vida da maioria das pessoas. Tudo fica registrado em nossa mente. Essas lembranças nos machucam e afetam nosso relacionamento com os outros e com Deus. Alguns imaginam que basta começar a frequentar a igreja e tudo desaparecerá como num passe de mágica. E isso não é verdade. O cristianismo não é a promessa da ausência de sofrimento, mas o chamado a compartilhar nossas feridas interiores com Jesus Cristo. O motivo é simples: a conversão é o primeiro passo. Entretanto, ela não nos torna perfeitos, isto é, imunes a cometer erros ou a ser afetados pelos problemas. "Converter-se é ressuscitar com Cristo" (São Leão Magno). Nesse momento começa a vida nova. É o caminho de cura com Jesus. E, de um modo especial, para as nossas emoções. Nas igrejas, temos centenas de pessoas infelizes e outras de difícil relacionamento. O motivo é não terem entendido que a vida cristã é um processo no qual, guiados pelo Espírito Santo, vamos abrindo nosso coração para sermos curados interiormente. Quando não buscamos a cura das feridas emocionais, deixamos brechas para o demônio nos envergonhar e tentar nos levar de volta à vida antiga.

TRATAMENTO:

Passos para a cura interior

Primeiro passo: Louve e agradeça a Deus a oportunidade de ser curado nas suas emoções. É o momento de reconhecer como Deus é maravilhoso e como seu amor tem o poder de nos devolver a paz interior.

Põe tuas delícias no Senhor, e os desejos do teu coração Ele atenderá. (Sl 36,4)

Segundo passo: Peça a ajuda do Espírito Santo para reconhecer as áreas onde você está necessitando da cura das emoções, bem como a graça de aceitar ser curado. Se necessário, coloque tudo por escrito, porque existem lembranças do passado mais doloridas e que exigem mais tempo para a cura.

O Espírito vem em auxílio à nossa fraqueza. (Rm 8,26)

Terceiro passo: Compartilhe com Jesus a lembrança dolorida pedindo a cura. Expresse os sentimentos que a ferida causa em você: vergonha, culpa, raiva... Ele não o julgará ou condenará. Apenas começará a envolvê-lo com Sua ternura.

> **Vinde a Mim, vós todos que estais aflitos sob o fardo, e Eu vos aliviarei.** (Mt 11,28)
>
> **Quarto passo:** Se existirem pessoas que você julga responsáveis pela sua dor emocional, escreva o nome de cada uma. Este é um momento no qual podem aflorar imagens do mal cometido. Entregue-as a Jesus, diga a Ele como essas coisas foram ruins.
>
> **Confiai-Lhe todas as vossas preocupações, porque Ele tem cuidado de vós.** (1Pd 5,7)
>
> **Quinto passo:** Peça a coragem para perdoar quem foi responsável pelo seu mal, e também perdoe a si mesmo.
>
> **Renovai sem cessar o sentimento da vossa alma. Perdoai-vos uns aos outros, como também Deus vos perdoou, em Cristo.** (Ef 4,23.32b)

ORAÇÃO

Senhor Jesus,

Tu sabes curar os corações feridos e tribulados.

Peço-Te que cures os traumas que provocaram tormento no meu coração.

Peço-Te, de modo especial, para curar aquelas que são as causa do pecado.

Permito que entres em minha vida, cure-me dos traumas físicos que me afetaram na tenra idade e das feridas que me provocaram ao longo da vida.

Senhor Jesus,
Tu conheces os meus problemas.
Coloco todos eles no Teu coração
de Bom Pastor.

Peço-Te, em honra daquela grande chaga
aberta em Teu coração, para me curar das
pequenas feridas que estão no meu.

Cura as feridas das minhas lembranças,
a fim de que nenhuma delas me faça recordar da dor,
da angústia, da preocupação.

Cura, Senhor,
todas aquelas feridas que, em toda a minha vida,
são causas da raiz do pecado.

Eu desejo perdoar
todas as pessoas que me ofenderam.

Cura aquelas feridas interiores que me
tornaram incapaz de perdoar.

Tu, que sabes curar os corações aflitos, cura o meu
coração. Cura, Senhor, aquelas minhas feridas
íntimas que são as causas dos males físicos.

Eu Te ofereço o meu coração:
aceita-o, Senhor, purifica-o e dá-me os sentimentos
do Teu divino coração.

Ajuda-me a ser humilde e afetuoso.

Concede-me, Senhor,
a cura da dor que me oprime pela morte
de pessoas queridas.

Faça com que eu possa ter paz e felicidade
pela certeza de que Tu és a ressurreição e a vida.

Faz-me testemunho autêntico de Tua ressurreição,
de Tua vitória sobre o pecado e sobre a morte,
de Tua presença no meio de nós.

Amém.

MINHA DECISÃO

Não fugirei nem esconderei minhas feridas emocionais. Eu as enfrentarei, reconhecendo a necessidade de ser curado. Quero ser o barro na mão do oleiro, para que Deus realize em mim Seu propósito de restauração das minhas lembranças negativas do passado.

PROMESSAS DE DEUS

Não vos lembreis mais dos acontecimentos de outrora, não recordeis mais as coisas antigas, porque eis que vou fazer obra nova, a qual já surge: não a vedes? Vou abrir uma via pelo deserto, e fazer correr arroios pela estepe.

(Is 43,18-19)

Bem conheço os desígnios que mantenho para convosco — diz o Senhor —, desígnios de prosperidade e não de calamidade, de vos garantir um futuro e uma esperança.

(Jr 29,11)

O Senhor está perto dos contritos de coração, e salva os que têm o espírito abatido.

(Sl 33,19)

Remédio para a inveja

Da inveja nasce o ódio, a maledicência, a calúnia, a alegria causada pela desgraça, e isso tudo vem do veneno do demônio.

São Gregório Magno

A inveja é um dos primeiros sentimentos negativos do homem. Ela aparece já nas primeiras páginas da Bíblia, logo após a saída de Adão e Eva do Paraíso. Caim, o filho primogênito do casal, é dominado pela inveja contra seu irmão Abel. Caim se entristece porque Deus aceitara o sacrifício de Abel e não o seu. Caim mata o irmão. Esse é o retrato do invejoso. Ele se incomoda com o sucesso dos outros, e tenta diminuí-lo ou até destruí-lo. O invejoso nunca está contente consigo mesmo, e também fica incomodado com a felicidade alheia. Não aceita a possibilidade de alguém ser melhor do que ele. Santo Agostinho diz que "a inveja é o pecado diabólico por excelência... o caruncho da alma que tudo rói e reduz ao pó".

A inveja nasce no coração de quem não se reconhece filho de Deus, como todos os homens e mulheres criados à imagem e semelhança de Deus. Por não viver a grandeza da presença de Deus em sua vida, o invejoso é incapaz de ver essa presença também na vida de seus semelhantes. Todos estamos expostos à contaminação desse sentimento terrível e destruidor. Quando isso acontece, existem três possibilidades: criticar e evitar o outro, ou agradecer pelo seu sucesso. A atitude do cristão repleto do Espírito é a de agradecer pela obra de Deus na vida do irmão. Esse é o sinal da verdade de nossa fé: "**Onde houver ciúme e contenda, ali há também perturbação e toda espécie de vícios. A sabedoria, porém, que vem de cima, é primeiramente pura, depois pacífica, condescendente, conciliadora, cheia de misericórdia e de bons frutos, sem parcialidade, nem fingimento**" (Tg 3,16-17).

> **TRATAMENTO:** Quando sentir a inveja dominar seus sentimentos, imediatamente repita no coração, quantas vezes forem necessárias, as palavras de Tiago 3,16: "**Onde houver ciúme e contenda, ali há também perturbação**".

ORAÇÃO

Não chore pelo que você perdeu,
lute pelo que você tem.
Não chore pelo que está morto,
lute por aquilo que nasceu em você.
Não chore por quem te abandonou,
lute por quem está a seu lado.
Não chore por quem te odeia,
lute por quem te quer feliz.
Não chore pelo teu passado,
lute pelo teu presente.
Não chore pelo teu sofrimento,
lute pela tua felicidade.
Não é fácil ser feliz,
temos que abrir mão de várias coisas,

fazer escolhas e ter coragem de assumir
ônus e bônus para ser feliz.
Com o tempo vamos aprendendo
que nada é impossível de solucionar,
apenas siga adiante com quem quer
e luta para estar com você.
Engana-se quem acha que a riqueza
e o *status* atraem a inveja...
as pessoas invejam mesmo é o sorriso fácil,
a luz própria,
a felicidade simples e sincera
e a paz interior...

Papa Francisco

MINHA DECISÃO

Lutarei com a ajuda de Deus para não me deixar dominar pelo ciúme. Não quero ser uma pessoa amarga nem semear amargura na vida das outras pessoas. Pedirei a ajuda do Espírito Santo para estar atento aos meus pensamentos, atitudes e palavras.

PROMESSAS DE DEUS

Não invejes o homem violento, nem adotes o seu procedimento, porque o Senhor detesta o que procede mal, mas reserva sua intimidade para os homens retos.
(Pr 3,31-32)

Um coração tranquilo é a vida do corpo,
enquanto a inveja é a cárie dos ossos.

(Pr 14,30)

Deponde, pois, toda malícia, toda astúcia, fingimentos, invejas e toda espécie de maledicência. Como crianças recém-nascidas, desejai com ardor o leite espiritual que vos fará crescer para a salvação, se é que tendes saboreado quão suave é o Senhor (Sl 33,9).

(1Pd 2,1-3)

Remédio para a falta de milagres

*Milagres não são contrários à natureza,
mas apenas contrários ao que nós
sabemos sobre a natureza.*

Santo Agostinho

Você quer ver os milagres acontecendo em sua vida? É claro que a resposta é afirmativa. Porém, se de um lado os milagres estão à nossa disposição, de outro eles acontecem apenas na vida de algumas pessoas. Por quê? A primeira dificuldade está em nossa mente, cremos no poder de Deus, mas nem sempre damos o passo na direção que Ele nos aponta. Se queremos receber os favores de Deus, temos que crer que Ele cumprirá o que promete. Nossa parte é colocar a fé em ação, e então veremos a manifestação do poder de Deus. Este foi o desafio de Deus a Josué na preparação da conquista da Terra Prometida. Humanamente, Josué jamais seria capaz de conquistar a Terra Prometida. Quantas vezes você olhou para as suas fraquezas, dificuldades de toda ordem e disse: *não posso*! Quem sabe Josué tenha sido tentado a pensar também desse modo, em um primeiro momento, mas, movido pela promessa de Deus, reagiu de modo firme e corajoso, e assim conduziu o povo para a vitória. As águas do rio Jordão se abriram, as muralhas de Jericó caíram, a Terra Prometida foi conquistada. Aquilo que parecia impossível aconteceu. O motivo: Josué acreditou e agiu segundo as promessas de Deus: "Sê firme e corajoso. Não te atemorizes, não tenhas medo, porque o Senhor está contigo em qualquer parte para onde fores" (Js 1,9).

> **TRATAMENTO:** Quando sentir necessidade de milagres e a dúvida invadir seus sentimentos, imediatamente repita no coração, quantas vezes forem necessárias, as palavras de Josué 1,9: "Sê firme e corajoso. Não te atemorizes, não tenhas medo, porque o Senhor está contigo em qualquer parte para onde fores".

ORAÇÃO

Senhor, está escrito na Tua palavra que:
"Os impossíveis do homem são possíveis para Deus".
Eu creio que Tu és o Deus todo-poderoso e que, ainda hoje, Tu podes fazer muitos milagres.
Creio sem vacilar, que este milagre de que preciso vou receber em Teu nome.

Senhor, libera o Teu poder sobre essa situação que estou passando, para que, com a fé que o Senhor me deu, eu receba o milagre e glorificarei o Teu nome.

Eu Te agradeço, porque, com a minha fé, posso remover montanhas e receber das Tuas mãos as bênçãos que só o Senhor pode me conceder.

Em nome de Jesus,

Amém!

MINHA DECISÃO

Manterei firme no coração a certeza de que Jesus não veio como um juiz para condenar minhas culpas, mas para curá-las. E, mais ainda, acreditarei que Ele está pronto para realizar milagres em minha vida, se eles forem necessários.

PROMESSAS DE DEUS

E, por causa da falta de confiança deles,
operou ali poucos milagres.
(Mt 13,58)

Estes milagres acompanharão os que crerem:
expulsarão os demônios em Meu nome, falarão novas
línguas, manusearão serpentes e, se beberem algum
veneno mortal, não lhes fará mal; imporão as mãos
aos enfermos e eles ficarão curados.
(Mc 16,17-18)

Deus fazia milagres extraordinários por intermédio
de Paulo, de modo que lenços e outros panos que
tinham tocado o seu corpo eram levados aos enfermos;
e afastavam-se deles as doenças e retiravam-se
os espíritos malignos.
(At 19,11-12)

28
Remédio para os problemas

Olhe para Jesus Crucificado e você encontrará a solução de todos os problemas.

São Pio de Pietrelcina

Os problemas da vida facilmente trazem para o nosso coração a preocupação, e algumas vezes o desespero. Todos estamos sujeitos a reações negativas diante da vida. E isso acontece porque somos humanos, somos criaturas, somos pecadores. Então não podemos fazer nada? Essa é a atitude de quem não conhece Deus. Somos pecadores e por isso precisamos de Deus, como a terra seca espera por água. Quem não entende isso acaba naufragando no mar dos problemas da vida. Ir a Deus significa dizer: "Sozinho não sou nada, mas com a Tua força eu posso vencer". Não se deixe abater pelas suas limitações nem por dificuldades levantadas por algumas pessoas. Reaja sempre com a fé, e você descobrirá a cada dia a certeza de que: Deus está com você, Ele quer cuidar de você e conduzir você para frente, para o alto, para a vitória. Por maiores que sejam seus problemas, enfrente-os imediatamente. Não deixe para amanhã aquilo que você pode começar a enfrentar hoje. Não deixe o tamanho dos problemas intimidar você. A melhor maneira para enfrentar os problemas é não negá-los, mas enfrentá-los com a mesma coragem da fé. Este é o testemunho de São Paulo. Ele se encontrava preso em Roma, por causa de sua fé em Jesus. Sabia de sua condenação à morte. A atitude normal seria sentir-se abandonado ou entregar-se ao desespero. Entretanto, nós o vemos dizer, por exemplo, na Segunda Carta a Timóteo 1,12: "**É este o motivo por que estou sofrendo assim. Mas não me queixo, não. Sei em quem pus minha confiança, e estou certo de que é assaz poderoso para guardar meu depósito até aquele dia**".

> **TRATAMENTO:** Quando sentir os problemas enfraquecendo sua coragem para enfrentá-los, imediatamente repita no coração, quantas vezes forem necessárias, as palavras da Segunda Carta a Timóteo 1,12: "estou sofrendo [...] mas não me queixo. Sei em quem pus a minha confiança".

ORAÇÃO

Senhor, ensinai-me a Vos entregar com toda a confiança tudo o que sou, sinto e tenho. Neste momento, desejo Vos devolver a direção de tudo o que se encontra sob meus cuidados e Vos agradecer por ser um de Vossos administradores, pois sois dono de todo o universo, de minha vida, de tudo o que tenho. Ajudai-me a nunca sair de Vossos propósitos, a colocar sempre meus problemas em Vossas mãos e assim descansar meu coração. Nos momentos em que me vier a ansiedade tão própria de minha fraqueza humana, fortalecei-me, Senhor, dando-me a graça de não permitir que os problemas tirem a minha coragem para enfrentá-los. Obrigado, Senhor.

MINHA DECISÃO

Não deixarei os problemas ameaçarem a minha fé. Não tenho nada a temer com Deus ao meu lado. E, mesmo que eu seja abalado por algum problema, poderei recuperar-me com o auxílio do Espírito Santo.

PROMESSAS DE DEUS

Deus é nosso refúgio e nossa força,
mostrou-se nosso amparo nas tribulações.
(Sl 45,2)

Que diremos depois disso?
Se Deus é por nós, quem será contra nós?
(Rm 8,31)

A confiança que depositamos Nele é esta:
em tudo quanto Lhe pedirmos, se for conforme
à Sua vontade, Ele nos atenderá. E se sabemos
que Ele nos atende em tudo quanto Lhe pedirmos,
sabemos daí que já recebemos o que pedimos.
(1Jo 5,14-15)

Remédio para aproveitar melhor o tempo

*Vigiai, pois, com cuidado sobre a vossa conduta:
que ela não seja conduta de insensatos,
mas de sábios.*

Efésios 5,15

A única maneira de aproveitar o tempo é gastá-lo com sabedoria. É impossível guardar o tempo, pois ele passará independentemente do que estamos fazendo. Temos de tomar muito cuidado com a maneira como vivemos. Quantas oportunidades são perdidas, por não agirmos no tempo certo! A questão toda não está na falta de tempo, mas no modo como o usamos. Em Provérbios 12,11 lemos: "**Quem cultiva sua terra será saciado de pão; quem procura as futilidades é um insensato**". Essas palavras nos indicam a importância de não usar o tempo de qualquer modo, pois isso significa desperdiçar um tesouro dado por Deus. Quando o tempo é administrado com o propósito de vivê-lo de acordo com o plano de Deus, passa a existir uma escala de prioridades. Nossa realização como pessoas e nossa felicidade dependem diretamente do modo como usamos o tempo. Se perguntássemos à maioria das pessoas qual a realidade mais importante de suas vidas, a resposta seria: a família. Entretanto, pelos mais diferentes motivos, passamos a maior parte do tempo longe dela. Podemos argumentar que a causa é a luta pela sobrevivência, ou tantas outras coisas que acabam tomando o nosso tempo. Devemos nos ocupar com o trabalho, com a busca de maneiras para progredir profissionalmente, mas não podemos perder o foco de que a vida não se resume apenas a isso. O desafio é não sermos levados pelo tempo, a ponto de nos tornar escravos dele. É importante reconhecer que existe um tempo para cada realidade da vida. E, por outro lado, se você sentir que desperdiçou muito do seu tempo em coisas inúteis, não perca tempo se culpando, pois todos nós estamos sujeitos a essa situação. Não tenha medo de recomeçar, de ter novas prioridades para construir sua vida sobre a rocha viva da fé. Aprenda a ter tempo para Deus, tenha o seu momento para relaxar, valorize os laços familiares, cultive relacionamentos saudáveis com as pessoas. E, por fim, organize o seu trabalho, aplicando o tempo nas coisas certas e importantes, tendo o cuidado com tudo o que possa roubar o seu tempo. É preciso aproveitar cada momento com sabedoria.

> **TRATAMENTO:** O tempo de cada dia é um presente precioso de Deus. Se aproveitamos bem o tempo, cada dia se torna uma fonte de realização e felicidade. Faça uma lista de prioridades, tomando o cuidado de não excluir Deus, você, a família, os relacionamentos e, evidentemente, seu trabalho. Esteja atento para não se sobrecarregar, e também para não perder tempo. Sem criar sentimentos de culpa, faça uma avaliação do seu desempenho.

ORAÇÃO

Senhor, sei o quanto o tempo passa depressa e o quanto tenho que trabalhar para dar conta do que me é dado, por obrigação, executar. Porém, dai-me a graça de nunca esquecer de que não devo deixar de lado a melhor e única parte que não me será tirada: Vossa Palavra. Daqui nada levarei a não ser o que sou e fiz. Quanto tempo ainda me resta nesta terra? Só Vós o sabeis. Não permitais que daqui me vá sem ter realizado Vossa santa vontade, a fim de que, no dia previsto, não Vos oculte meu rosto e perceba que é tarde demais para fazer o que posso começar a fazer, a partir de agora. Abençoai, Senhor, meus trabalhos, dai-me prosperidade e que nada me falte, fazendo-me escolher antes de tudo a melhor parte, a qual nunca me será tirada.
Amém.

MINHA DECISÃO

Terei sempre presente que o tempo perdido em coisas inúteis jamais será recuperado. Com a ajuda de Deus, vou procurar organizar o meu tempo, tendo sempre presente a orientação de Eclesiastes 3,1: "**Para tudo há um tempo, para cada coisa há um momento debaixo dos céus**".

PROMESSAS DE DEUS

Fazei-me conhecer, Senhor, o meu fim, e o número de meus dias, para que eu veja como sou efêmero. A largura da mão: eis a medida de meus dias, diante de Vós minha vida é como um nada; todo homem não é mais que um sopro.
(Sl 38,5-6)

Não relaxeis o Vosso zelo.
Sede fervorosos de espírito.
Servi ao Senhor.
(Rm 12,11)

Bendirei continuamente ao Senhor,
Seu louvor não deixará meus lábios.
(Sl 33,2)

Remédio para a raiva

*Depois do pecado,
a irritação é o mal maior.*

São Francisco de Sales

Há algum tempo uma senhora me procurou para pedir uma orientação e receber uma oração. Ela tomava três medicamentos para pressão arterial sem obter nenhum resultado positivo no tratamento. Já havia consultado diversos médicos, tomado diversos medicamentos, e agora se sentia perdida. Ela terminou a exposição do seu problema, perguntando: "Por que não consigo controlar o nível de minha pressão?". Comecei dizendo: "Não sou médico, mas gostaria de conhecer um pouco mais a senhora". Eu perguntei de um modo específico: "O que estava acontecendo na época em que foi diagnosticado o problema da pressão alta?". A senhora, refletindo raiva, disse: "Logo depois de ter perdido o emprego, onde durante 27 anos dei o melhor de mim na empresa. Tudo aconteceu em virtude de uma calúnia de uma pessoa que queria o meu cargo". Isso vale para todas as áreas da vida onde nos julgamos prejudicados. Essa é uma situação difícil, e geralmente todos reagem com o sentimento de raiva. Porém, passada a fervura do primeiro momento, é necessário lembrar uma verdade que me foi ensinada por um médico amigo meu: "Nosso corpo é a realidade daquilo que somos e sentimos. Se nossas emoções permanecem negativas, certamente, de algum modo adoeceremos". Em outras palavras, a raiva tem um impacto destruidor em nossa vida espiritual, e na saúde física e emocional.

> **TRATAMENTO:** Um conselho simples, mas que exige confiança no amor de Deus. Diga a si mesmo: "O fato já aconteceu, quem continua perdendo sou eu, se permito que a raiva continue me envenenando". E repita as palavras de Provérbios 29,11: "O insensato desafoga toda sua ira, mas o sábio a domina e a recalca".

ORAÇÃO

Ajuda-me, Senhor, a amar como Tu me amas

e a compreender como Tu me compreendes.

Ensina-me, Senhor, a aceitar os outros como Tu me aceitas,

respeitando-os como Tu me respeitas

e suportando-os com paciência,

como Tu me suportas com paciência infinita.

Ajuda-me, Senhor, a perdoar como Tu me perdoas

e a fazer pelos outros todo o bem que fazes por mim.

Senhor, Tu que me aceitas como eu sou,

ajuda-me a ser o que Tu queres que eu seja,

Tua semelhança no amor.

Transforma o meu coração para que ele seja bom,
justo, manso, paciente, compreensivo,
generoso, tolerante e cheio de misericórdia,
para que, através do meu amor humano,
semelhante ao Teu,
eu possa levar ao meu irmão a alegria,
a paz, o consolo, a esperança, o perdão
e a salvação do Teu amor divino.
Amém.

MINHA DECISÃO

Não vou me zangar comigo por sentir raiva de uma pessoa ou diante de alguma situação ruim. Quando perco a calma, eu me coloco em desvantagem. Buscarei a ajuda da oração e da Palavra de Deus para crescer na capacidade de equilibrar as minhas emoções.

PROMESSAS DE DEUS

**Não cedas prontamente ao espírito de irritação;
é no coração dos insensatos que reside a irritação.**
(Ecl 7,9)

Mesmo em cólera, não pequeis. Não se ponha o sol sobre o vosso ressentimento. Não deis lugar ao demônio.

(Ef 4,26-27)

Se alguém disser: Amo a Deus, mas odeia seu irmão, é mentiroso. Porque aquele que não ama seu irmão, a quem vê, é incapaz de amar a Deus, a quem não vê.

(1Jo 4,20)

Remédio para a depressão – 1

Reconheço que Deus jamais permitirá mais do que possamos suportar.

Santa Faustina

Todos os dias estamos sujeitos a momentos de depressão. E tudo pode começar com uma simples mudança do estado de humor. E ela pode vir de algum desequilíbrio interior ou pelos fatos da própria vida cotidiana. Também há uma série de evidências que mostram alterações químicas no cérebro do indivíduo deprimido. A morte de um ente querido, a doença, a perda do emprego, a traição da pessoa amada... podem colaborar para desencadear uma depressão. Uma coisa é sentir-se para baixo em alguns momentos, outra é quando os momentos se transformam em períodos longos nos quais se tem a impressão de já não encontrar alegria em nada. Tudo parece sem sentido e chegamos a não querer a convivência com as pessoas. A depressão leva à perda do prazer e da alegria diante da vida. Ficamos cheios de sentimentos de tristeza, desilusão e solidão. É importante não se deixar envenenar com a ideia negativa de que cristão não tem depressão. Nesses momentos, ouvimos frases ou conselhos como: "Isso é falta de Deus, leia mais a Bíblia, reze e você verá como tudo ficará bem". A depressão não é castigo. Ela é como um vale escuro, mas tem cura se receber o tratamento adequado. Por isso, é importante aceitar a ajuda de Deus, dos amigos, do sacerdote, e também de um profissional da área (psiquiatra e psicólogo). O importante é ter presente que Deus nunca se afasta de nós. E Ele está junto de nós principalmente nesses momentos mais tristes ou duros de enfrentar. Por isso, não se condene por estar deprimido, tente reagir aos pensamentos negativos, dizendo a si mesmo: "Todos atravessam estes momentos ruins, mas eu posso reagir, pois o Deus de amor está comigo".

> **TRATAMENTO:** Tenha presente que é possível sair da depressão, dando um passo de cada vez, sem perder a esperança. Faça suas as palavras do Salmo 43,6-7: "**Por que te deprimes, ó minha alma, e te inquietas dentro de mim?** Espera em Deus, porque ainda hei de louvá-lo: ele é minha salvação e meu Deus".

ORAÇÃO

Jesus, peço-Te que voltes comigo até o momento em que esta depressão me atacou e me libertes das raízes deste mal. Cura todas as minhas lembranças dolorosas.
Enche-me com o Teu amor, a Tua paz, a Tua alegria.
Peço-Te que restaures em mim a alegria da minha salvação. Senhor Jesus, permite que a alegria jorre como um rio das profundezas do meu ser.

Eu Te amo, Jesus, eu Te louvo. Traze ao meu pensamento todas as coisas pelas quais posso agradecer-Te.
Senhor, ajuda-me a Te alcançar e a Te tocar; a manter meus olhos postos em Ti e não nos problemas.

Eu Te agradeço, Senhor, por me guiares até a saída do vale. É em nome de Jesus que suplico.

Amém.

MINHA DECISÃO

Vou lutar para aceitar a ajuda de Deus, dos outros e, se for necessário, fazer algum tratamento sem me envergonhar. Terei presente que a cura de qualquer doença exige tempo. Darei tempo ao tempo, buscando confiar sempre na misericórdia de Deus.

PROMESSAS DE DEUS

O Senhor mesmo marchará diante de ti, e estará contigo, e não te deixará nem te abandonará.
Nada temas, e não te amedrontes.
(Dt 31,8)

Ponho sempre o Senhor diante dos olhos, pois Ele está à minha direita; não vacilarei.
(Sl 15,8)

Nada temas, porque estou contigo, não lances olhares desesperados, pois Eu sou teu Deus;
Eu te fortaleço e venho em teu socorro,
Eu te amparo com Minha destra vitoriosa.
(Is 41,10)

Remédio para a depressão – 2

Comece fazendo o que é necessário, depois o que é possível, e de repente você estará fazendo o impossível.

São Francisco de Assis

A depressão é chamada de a doença de todos os séculos. Ela atinge jovens e idosos, homens e mulheres, ricos ou pobres, cristãos e não cristãos. E o grave problema é que, às vezes, os cristãos tentam esconder essa situação. Agindo desse modo, acrescentam à sua dor certa dose de culpa, dizendo a si mesmos: "Estou deprimido porque Deus está me castigando por algum pecado". Deus é maior do que todo erro que possamos cometer, e Ele nunca quer nos castigar, mas somente nos salvar. Por isso é importante aprender com os heróis da Bíblia como eles enfrentaram e saíram da depressão. Um dos exemplos mais fortes é o do profeta Elias. Ele entra em depressão depois de uma espetacular vitória espiritual. Deus responde à oração de Elias: os falsos sacerdotes pagãos, que estavam enganando o povo, são destruídos; e, depois de três anos de seca, volta a chover. Quando tudo parecia acontecer como Elias esperava, a rainha Jezabel ordena que o profeta seja morto. Elias foge com medo, pede que Deus lhe tire a vida. A cura de Elias acontece em dois momentos. Primeiro, ele se deita para dormir. Deus lhe envia um anjo, e o interessante é observar o gesto, as palavras e o presente divino, como lemos no Primeiro Livro dos Reis 19,5: "**Um anjo tocou-o, e disse: Levanta-te e come. Elias olhou e viu junto à sua cabeça um pão cozido [...] e um vaso de água**". Para nós, cristãos, a água aponta para o Espírito Santo recebido no batismo, o pão para a Eucaristia. E, por fim, Elias sobe o monte Horeb para orar, e aí é restaurado por Deus. No momento da oração, as palavras se transformam no anjo de Deus para tocar nossas feridas da alma e dizer que Deus está conosco sempre. Ele nunca nos abandona à nossa própria sorte. Ele deseja nos encorajar a acreditar que podemos nos levantar e vencer essa sensação de solidão e abandono. Na depressão, nem sempre é fácil ir à missa ou rezar. Tente dar esses dois passos. Eles serão um auxílio sagrado para sua recuperação.

TRATAMENTO: Se a mente for invadida pela impressão de que nada será capaz de nos tirar do fundo do poço, lembremos do modo como Elias começou a ser curado, dizendo a nós mesmos: "O anjo também toca em mim, não estou sozinho, tenho o Espírito Santo, posso receber Jesus na comunhão, e falar para Ele da minha dor".

ORAÇÃO

Toma-me pelas mãos, Senhor, e faz-me sentir a segurança de Tua presença em nome de Jesus Cristo, no poder do Espírito Santo. Pai amado, em nome de Jesus no poder do Teu Espírito, eu quero iniciar a cura do meu passado dolorido. Eu Te agradeço pelo dom da minha vida, pois ela não foi apenas o fruto da vontade dos meus pais. Em Tua palavra está escrito: Antes que no seio fostes formado, Eu já te conhecia. Antes do teu nascimento Eu já te havia consagrado.

Senhor, toca agora as minhas chagas, arranca toda a situação que me leva à depressão. Senhor, eu sei que só a Tua cura interior pode resolver o meu problema; sei que o psicólogo e o psiquiatria podem me ajudar, mas sozinhos não resolverão meus problemas. Sim, Senhor, vem agora em meu socorro me livrar de todo o poder da tentação de esvaziar a minha vida, de não amar, de não viver, de não abençoar.

Senhor, conduz-me até as áreas do meu passado ferido; quero ser restaurado para viver de maneira abundante. Creio que o Teu Filho, Jesus, morreu por causa de mim. Sei que na cruz Ele colocou a minha vida, inclusive meu passado doloroso está cravado na cruz de Nosso Senhor Jesus Cristo. Eu estou aqui, Senhor, sou obra de Tuas mãos. Eu preciso de Ti, eu preciso do Teu amor. Cura-me da depressão. Amém.

MINHA DECISÃO

Procurarei estar atento à minha maneira de pensar para que possa reagir de modo mais positivo e realista diante das causas de minha depressão. Diante de possíveis recaídas, procurarei enfrentá-las tendo presente que ninguém está imune a elas, e por isso posso continuar caminhando com o olhar fixo na bondade de Deus. Serei paciente comigo, como Ele é.

PROMESSAS DE DEUS

Esperei no Senhor com toda a confiança.
Ele se inclinou para mim, ouviu meus brados.
Tirou-me de uma fossa mortal, de um charco de lodo;
assentou-me os pés numa rocha, firmou os meus passos.
(Sl 39,2-3)

Bendito seja Deus, o Pai de nosso Senhor Jesus Cristo,
o Pai das misericórdias, Deus de toda a consolação,
que nos conforta em todas as nossas tribulações.
(2Cor 1,3-4)

Pode uma mulher esquecer-se daquele que amamenta?
Não ter ternura pelo fruto de suas entranhas? E, mesmo
que ela o esquecesse, Eu não te esqueceria nunca.
(Is 49,15)

Remédio para os malefícios

*O nome de Jesus
é o terror dos demônios.*

São Pio de Pietrelcina

Uma das dúvidas mais comuns de muitos cristãos é: existe a possibilidade de uma pessoa realizar uma obra do mal para prejudicar alguém? Lamentavelmente, a resposta é afirmativa. Trata-se da realidade dos malefícios. O malefício é o desejo de provocar o mal em uma pessoa, com a intervenção do demônio. Nunca como em outros tempos, a magia, o ocultismo, a bruxaria, o culto do diabo, as cartomantes... cresceram tanto! Tudo na tentativa de interferir na vida pessoal para receber vantagens ou para prejudicar alguém. Alguns vão a esses lugares sem má intenção, fazem isso por não conhecerem quem de fato é Deus. Porém, sem saber, estão se expondo ao mal: "**Não vos dirijais aos espíritas nem aos adivinhos: não os consulteis, para que não sejais contaminados por eles. Eu sou o Senhor, vosso Deus**" (Lv 19,31).

Por outro lado, existem aqueles que buscam os magos e os feiticeiros com o propósito já definido: querem prejudicar a vida pessoal, familiar ou profissional de alguém. Por meio do malefício, desejam separar um casal e talvez atrair uma das pessoas para si, trazer tristeza, doenças, problemas financeiros, e inclusive a própria morte.

Os meios para alcançar esse fim são os mais diferentes:

- levar aos feiticeiros ou magos artigos pessoais ou uma fotografia da pessoa a quem se deseja fazer o mal;
- dar objetos, alimento, líquidos consagrados ao maligno, ou colocá-los em algum lugar sem que a pessoa saiba;

O malefício tem espaço para agir onde encontra o pecado, o medo e a ignorância. Na Primeira Carta de Pedro 5,8-9 lemos: "**Sede sóbrios e vigiai. Vosso adversário, o demônio, anda ao redor de vós como o leão que ruge, buscando a quem devorar. Resisti-lhe fortes na fé...**". O demônio somente agirá se encontrar a brecha para entrar.

TRATAMENTO: A vigilância começa com o que vemos, ouvimos, falamos. O pecado vem da desobediência a Deus, e o medo da falta de conhecimento e da falta da experiência do amor de Deus. Também é importante não abrir espaço para nenhum tipo de superstição. Temos de acreditar que Deus é capaz de cuidar de nós. Um conselho importante: conserve em casa e traga junto de si objetos abençoados pela Igreja (crucifixo, medalhas, escapulário...). Podemos acrescentar o uso de sacramentais como: água, óleo e sal bentos. A última questão: O que fazer com objetos consagrados ao maligno? Um gesto muito simples: Aspergi-los com água benta e queimá-los fora de casa. Enquanto estiverem queimando, pedir a proteção do sangue de Jesus. A seguir, jogar as cinzas em água corrente, e lavar as mãos com água benta.

ORAÇÃO

Prece contra todos os malefícios

Senhor, tende piedade de mim
Senhor, tende piedade de mim
Cristo, tende piedade de mim
Cristo, tende piedade de mim
Senhor, tende piedade de mim
Senhor, tende piedade de mim

Deus de todo poder, soberano dos séculos, Tu que estás em todos os lugares, e conheces tudo; Tu, que fizeste tudo e que tudo transformas com a Tua soberana vontade; Tu, que na Babilônia salvaste os três jovens da fornalha ardente ficando entre eles e o fogo; Tu, que és médico e remédio das nossas vidas; Tu, que és auxílio de todos os que Te buscam de todo coração, torna inútil, afasta e põe em fuga cada força diabólica, cada presença e trama satânica, assim como cada influência maligna, maldade ou desejo de mal vindo de pessoas maléficas. Faz que, em troca da inveja e dos malefícios, eu receba a abundância dos bens, força, sucesso e caridade.

Tu, Senhor, que amas os homens, estende as Tuas mãos poderosas e os Teus braços altíssimos para socorrer-me e visitar-me com a Tua proteção e bênção.

Manda o Teu anjo de paz acampar em minha volta para defender-me de toda força ruim, veneno e maldade das pessoas invejosas.

Na certeza do Teu auxílio, posso com gratidão dizer:

"Não terei medo do mal porque sei que estás comigo, Tu és o meu Deus, minha força, Senhor poderoso, Senhor da paz e proteção para sempre".

Tudo isso eu também Te apresento pela intercessão
da Virgem Maria, dos arcanjos São Miguel,
Gabriel e Rafael e de todos os santos.
Amém.

MINHA DECISÃO

A oração e a Palavra de Deus serão o meu alimento diário. A confissão será o escudo para não permitir que o demônio tenha como me acusar. Buscarei a força da Eucaristia e da visita semanal ao Santíssimo Sacramento. O terço será um pequeno exorcismo diário, com a intercessão da doce Virgem Maria.

PROMESSAS DE DEUS

Estes milagres acompanharão os que crerem: expulsarão os demônios em meu nome, falarão novas línguas, manusearão serpentes e, se beberem algum veneno mortal, não lhes fará mal; imporão as mãos aos enfermos e eles ficarão curados.
(Mc 16,17-18)

**Revesti-vos da armadura de Deus,
para que possais resistir às ciladas do demônio.**
(Ef 6,11)

**Sede submissos a Deus. Resisti ao demônio,
e ele fugirá para longe de vós.**
(Tg 4,7)

Remédio para o entusiasmo

Tenha paciência com todas as coisas,
mas principalmente tenha paciência consigo mesmo...
A cada dia que se inicia, comece a tarefa de novo.

São Francisco de Sales

Um das atitudes de vida mais necessárias para todas as pessoas é o entusiasmo. Um estudo concluiu que a maioria das crianças nasce trazendo essa disposição. O dado triste é a indicação de que o entusiasmo vai aos poucos desaparecendo, para dar lugar para o pessimismo diante da vida.

Não faltam motivos para a perda do entusiasmo. Todos os dias estamos expostos aos mais diferentes problemas, aí vem o estresse e com ele a impressão de que não seremos capazes de reagir.

É um pouco como a história de um homem que procurou um padre e desabafou: "Tudo dá errado em minha vida". O padre convidou o homem a fazer uma lista das coisas boas e ruins da sua vida. Ele deu um sorriso e disse: "Como, se nada vai bem em minha vida?". O padre insistiu: "Vamos juntos escrever. Quero começar dando os pêsames pela morte de sua esposa". O homem, espantado, replicou: "A minha esposa não morreu, e é adorável!". Imediatamente, o padre escreveu: "Tem uma esposa adorável". O padre acrescentou: "Então os seus dois filhos morreram!". "Não, estão vivos e saudáveis". O padre escreveu: "Tem filhos saudáveis". "Vieram contar para mim que o senhor está com uma doença terminal." O homem, indignado, reagiu: "Quem tem contado essas mentiras? Eu estou bem". Em determinado momento, o desânimo havia desaparecido, e o homem saiu sorrindo da casa do padre. Um dos segredos para manter a chama do entusiasmo é aprender a exercitar o louvor. Por meio dele reconhecemos a grandeza e a bondade de Deus. Quem louva proclama a sua confiança nos cuidados divinos. No Salmo 118,164 lemos: "**Sete vezes ao dia publico Vossos louvores, por causa da justiça de Vossos juízos**".

> **TRATAMENTO:** Uma das promessas preciosas de Jesus foi a de enviar o Espírito Santo. Um dos seus primeiros efeitos é o entusiasmo. A palavra *entusiasmo* vem do grego e possui dois significados: "sopro divino" e "ter Deus dentro de si". Quando vivemos a vida cristã com desânimo, entristecemos a presença de Deus em nossa vida. Um dos segredos para manter vivo o entusiasmo é estar repleto do Espírito Santo.

ORAÇÃO

Vem, criador Espírito de Deus,
Visita o coração dos Teus fiéis,
E com a graça do alto os purifica.

Paráclito do Pai, consolador,
Sê para nós a fonte da água viva,
O fogo do amor e a unção celeste.

Nos sete dons que descem sobre o mundo,
Nas línguas que proclamam o Evangelho,
Realiza a promessa de Deus Pai.

Ilumina, Senhor, a nossa mente,
Acende em nós a Tua caridade,
Infunde em nosso peito fortaleza.

Livra-nos das ciladas do inimigo,
Dá-nos a Tua paz, e evitaremos
Perigos e incertezas no caminho.

Dá-nos a conhecer o amor do Pai
E o coração de Cristo nos revela,
Espírito de ambos procedente.

Louvemos a Deus Pai e a Seu Filho,
Demos glória ao Espírito Paráclito,
Agora e pelos séculos sem fim.
Amém.

MINHA DECISÃO

Todos os dias pedirei o auxílio do Espírito Santo para viver a minha vida cristã com entusiasmo. Quero assim aprender a andar no Espírito, refletindo a certeza de que não estou sozinho em minhas lutas diárias. E, em minha oração, ao invés de me lamentar, exercitarei o louvor e a ação de graças.

PROMESSAS DE DEUS

O Senhor é a minha força e o meu escudo!
Por isso meu coração exulta e O louvo com meu cântico.
(Sl 27,7)

Povos, aplaudi com as mãos,
aclamai a Deus com vozes alegres.
(Sl 46,2)

O fruto do Espírito é caridade, alegria, paz, paciência, afabilidade, bondade, fidelidade.
(Gl 5,22)

35

Remédio para a insatisfação

Vamos fazer nós aquilo que podemos,
e o Pai da misericórdia acrescentará o que falta.

São João Bosco

Um dos grandes problemas da vida da maioria das pessoas é nunca estarem satisfeitas com a vida. Quantas vezes surge a pergunta: "Como você está?"? E geralmente temos como resposta: "Vou levando"; "Estou cansado de fazer sempre a mesma coisa"; "Não aguento mais as cobranças das pessoas"; "Tudo me aborrece"; "Nada mais faz sentido para mim"... Com essas e outras respostas, vamos nos tornando tristes, amargos, pessimistas e passamos também a tratar mal as pessoas. Existe alguma maneira para mudar essa situação? Há muito tempo conheci uma pessoa que estava sempre alegre, disponível para ajudar a todos, nunca ficava contrariada, mesmo diante de dificuldades com a vida ou as pessoas. Qual era o segredo? Ela amava viver, e costumava dizer "não posso perder tempo com o mau humor". E eu perguntei se existia algum segredo. Ela me respondeu com um grande sorriso: "Eu sempre frequentei a igreja, mas era um tremendo murmurador. Eu reclamava de tudo. Um dia, abrindo a Bíblia, por acaso li João 15,11: '**Disse-vos estas coisas para que a Minha** alegria esteja em vós, e a vossa alegria seja completa'. Na mesma hora, entendi como entristecia a Jesus por não deixar a Sua alegria ser a minha alegria". E nunca mais esqueci suas últimas palavras: "Na hora da contrariedade, luto para levar a sério a minha fé, lembro de Jesus e digo: a alegria Dele é a minha alegria".

> **TRATAMENTO:** Para vencer a insatisfação, é necessário manter viva a paixão pela vida e por tudo o que fazemos nela (vida pessoal, família, lazer, trabalho, estudo, amizades, prática religiosa...). Sem paixão realizamos tudo mal e nada nos dá satisfação. Todos os dias, é importante prestar atenção ao que está nos movendo a realizar as coisas. Qual é a nossa inspiração? Se estamos sempre de mau humor, reclamando, algo está errado. É importante jamais perder de vista que Deus dá a todos talentos e capacidades para realizarem bem o que lhes foi confiado.

ORAÇÃO

Senhor!...
Dai-me a esperança...
Levai de mim a tristeza e não a entregueis a mais ninguém.

Senhor... Plantai em meu coração a sementeira do amor
e arrancai de minha alma as rugas da insatisfação.

Ajudai-me a transformar meus rivais em
companheiros, meus companheiros em amigos
e meus amigos em entes queridos.

Deus!...
Concedei-me a força para dominar meus desejos;
dai-me razão para vencer minhas ilusões.

Fortificai meu olhar para que veja os defeitos
de minha alma; vendai meus olhos para que eu
não comente os defeitos alheios.

Dai-me o sabor de saber perdoar...
e afastai de mim os desejos de vingança.

Ajudai-me a fazer feliz o maior número da humanidade...

...para amplificar seus dias risonhos e resumir
suas noites tristonhas.

Não me deixes ser um cordeiro perante os fortes, nem um
leão diante dos fracos.

Imprimi em meu coração a tolerância e o perdão e afastai
de minha alma o orgulho e a presunção.

Deus...
Enchei meu coração com a divina Fé...
... para sempre louvar vosso nome.

Senhor...
Fazei-me um homem realmente justo!

MINHA DECISÃO

Não deixarei a insatisfação dominar meus sentimentos,
para que eu não perca a paixão para viver a vida como

presente maravilhoso de Deus. Sei que enfrentarei problemas pessoais, pessoas difíceis e circunstâncias negativas de toda ordem, por isso confiarei no auxílio de Deus. Tentarei sempre lembrar que ninguém tem o segredo do sucesso, mas o fracasso vem da tentativa de agradar a todos.

PROMESSAS DE DEUS

Eu Vos louvarei, Senhor, de todo o coração, todas as Vossas maravilhas narrarei. Em Vós eu estremeço de alegria, cantarei Vosso nome, ó Altíssimo!

(Sl 9,2-3)

Bendito seja Deus, Pai de nosso Senhor Jesus Cristo, que do alto do céu nos abençoou com toda a bênção espiritual em Cristo.

(Ef 1,3)

Vivei sempre contentes. Orai sem cessar. Em todas as circunstâncias, dai graças, porque esta é a vosso respeito a vontade de Deus em Jesus Cristo.

(1Ts 5,16-18)

36
Remédio para a dor da morte

Quereis não recear a morte? Vivei bem.

Santo Ambrósio

Uma das realidades mais difíceis de enfrentar na vida é a morte. Ela é a dor mais profunda de todo ser humano. Quando ela vem, traz lágrimas, sofrimento, sensação de vazio, saudade, revolta... Fica um gostinho amargo na boca e a pergunta: por quê? A dor fica mais intensa diante da morte inesperada por alguma causa física, acidente, violência ou suicídio. Enfim, quando a morte chega, nasce a impressão de que estaremos desamparados para continuar a nossa vida. Quantas vezes já ouvi as pessoas dizerem: "O que será de mim?"; "Um pouco de mim também morreu"; "Não vou mais conseguir viver" ou "Nada mais vai ter sentido para mim".

E, realmente, algumas pessoas nunca se recuperam da dor da perda de um ente querido. Porém, é necessário enfrentar esse momento.

A morte não é doce, mas nos ajuda a experimentar a certeza de que sempre existe esperança. Certa ocasião li uma reportagem muito forte sobre o modo como um grande homem de Deus enfrentou o suicídio de seu filho. Alguns cristãos o criticaram, e até questionaram se os suicidas vão para o céu. Ele entrou em estado de choque, e o luto se prolongou por alguns meses. Até o dia em que sentiu forças de reagir. Nesse momento, ele disse a si mesmo: "Prefiro não ter a pretensão de possuir todas as respostas, e crer em Deus, do que imaginar o contrário, e não ter Deus". E ele explicou como foi capaz de dar este passo de fé: "Deus sabe o que é perder um filho". E de fato, Jesus Cristo, o Filho de Deus, morreu na cruz pela nossa salvação.

Não devemos nos sentir fracos nem com sentimento de culpa se a morte traz as lágrimas e nos faz sofrer com a perda. Somos humanos, temos sentimentos, e por isso ficamos abalados. Esta foi a reação de Jesus, diante da morte do amigo Lázaro: "**Jesus pôs-se a chorar. Observaram por isso os judeus: Vede como Ele o amava!**" (Jo 11,35-36). Essa atitude indica como Ele está próximo de nós. E não poderia ser diferente, pois Ele veio para trazer a mensagem do amor de Deus. Como poderia Jesus ficar indiferente à nossa dor?

Talvez, em um primeiro momento, diante do choque da perda, ainda aparentemente perdidos e sozinhos, não somos capazes de perceber uma presença invisível aos olhos, porém mais forte do que qualquer outra presença. Qual? Jesus, vivo e ressuscitado, que prometeu: "**Eis que estou convosco todos os dias, até o fim do mundo**" (Mt 28,20). Sim, Ele está aí junto de nós, nos envolvendo com a Sua ternura, e pronto para atravessar todas as paredes do nosso sofrimento. Ele não nos censura se não nos damos conta dessa presença. Nem nossos lamentos e questionamentos por "não ter atendido nosso pedido de ajuda" O afastam. Ele permanece junto de nós, e é Ele e somente Ele quem pode nos dar o verdadeiro consolo.

TRATAMENTO: Se olhamos para os momentos mais dolorosos da nossa vida, quando perdemos uma pessoa querida – os pais, um irmão, uma irmã, um cônjuge, um filho, um amigo –, nos damos conta de que, mesmo no drama da perda, mesmo dilacerados pela separação, sai do coração a convicção de que não pode estar tudo acabado, que o bem dado e recebido não foi inútil. Há um instinto poderoso dentro de nós que nos diz que a nossa vida não termina com a morte. A morte foi vencida pela ressurreição de Jesus, e se tornou a porta de entrada para a vida eterna.

ORAÇÃO

Prece consoladora de Santo Agostinho

(Para ser usada quando se perde um ente querido)

A morte não é nada.
Apenas passei ao outro lado do mundo.
Eu sou eu. Você é você.
O que fomos um para o outro, ainda o somos.
Dá-me o nome que sempre me deste.
Fala-me como sempre me falaste.
Não mudes o tom para um triste ou solene.
Continua rindo com aquilo que nos fazia rir juntos.
Reza, sorri, pensa em mim, reza comigo.
Que o meu nome se pronuncie em casa como sempre se pronunciou, sem nenhuma ênfase, sem rosto de sombra.
A vida continua significando o que significou: continua sendo o que era. O cordão de união não se quebrou.
Por que eu estaria fora dos teus pensamentos, apenas porque estou fora da tua vista?
Não estou longe, somente estou do outro lado do caminho.
Já verás, tudo está bem...
Redescobrirás o meu coração, e nele redescobrirás a ternura mais pura.
Seca tuas lágrimas e, se me amas,
Não chores mais.

MINHA DECISÃO

Viverei bem esta vida, como um presente recebido de Deus, que desejo apresentar com os frutos esperados por Ele. Na hora da morte de algum ente querido, chorarei, sentirei saudade, mas não permitirei que o desespero tire do meu coração a certeza de que aqueles que adormecem com Cristo ressuscitam para a vida eterna.

PROMESSAS DE DEUS

Eu sou a ressurreição e a vida. Aquele que crê em Mim, ainda que esteja morto, viverá.
(Jo 11,25)

Irmãos, não queremos que ignoreis coisa alguma a respeito dos mortos, para que não vos entristeçais, como os outros homens que não têm esperança. Se cremos que Jesus morreu e ressuscitou, cremos também que Deus levará com Jesus os que Nele morreram.
(1Ts 4,13-14)

E se Cristo não ressuscitou, é inútil a vossa fé, e ainda estais em vossos pecados.
(1Cor 15,17)

Remédio para a oração respondida

A oração é o remédio para a tristeza e o desânimo.

São Nilo do Sinai

No Pai-Nosso rezamos "seja feita a Tua vontade", e assim fazemos em diversas outras orações. Porém, no fundo, sempre tentamos dar uma "forçadinha" ou ajuda para que seja feita a *nossa* vontade. E quantas vezes, porque parece que Deus não respondeu como pedimos, ficamos decepcionados. Um primeiro ponto importante é jamais esquecer que nenhuma oração deixa de ser respondida. Esta é a certeza dada por Jesus: "**Pedi e se vos dará. Buscai e achareis. Batei e vos será aberto. Porque todo aquele que pede, recebe. Quem busca, acha. A quem bate, abrir-se-á**" (Mt 7,7-8). Também é verdade que nem sempre a resposta vem necessariamente como pedimos. E qual é o motivo? Um grande homem de Deus, do começo do cristianismo, chamado Evágrio Pôntico, no seu livro *Tratado sobre a oração* nos dá a explicação: às vezes, no momento de nosso pedido a Deus, em vez de pedir o que é justo, isto é, aquilo que realmente é melhor para nós naquele momento, acabamos por ficar em apuros. O motivo é claro: aquilo que desejamos não coincide com a vontade de Deus.

Ao mesmo tempo, por Ele ser um Pai amoroso, a resposta vem, mas nem sempre somos capazes de enxergá-la ou aceitá-la, porque não é como esperávamos. A escolha melhor, escreve Evágrio, é "pedir aquilo que é bom para a nossa alma, porque ninguém deseja mais a nossa felicidade do que Deus". Aquilo que Deus nos dá sempre é melhor do que aquilo que pedimos. E o segredo da oração respondida está em também dizer: "Senhor, ensina-me a rezar em concordância com a Tua vontade, a pedir aquilo que for mais necessário para a Tua glória, minha salvação e felicidade".

TRATAMENTO: Nossa oração deve ser algo extremamente simples, como o encontro de duas pessoas amigas. Devemos sempre começar pedindo a ajuda do Espírito Santo, como nos ensina São Paulo: **"O Espírito Santo vem em auxílio à nossa fraqueza; porque não sabemos pedir nem orar como convém"** (Rm 8,26). Em uma de nossas mãos deve estar a Bíblia e na outra a nossa vida, a Igreja e o mundo. Ao abrir a Bíblia, encontraremos Jesus, que será luz dos nossos passos, alimento da nossa fé e remédio para as nossas necessidades. A verdadeira oração inclui sua vida, mas intercede pela Igreja e pelo mundo. Pela oração, crescemos na comunhão com o amor de Deus.

ORAÇÃO

Respirai em mim, ó Espírito Santo,

para que seja santo o meu pensar.

Impeli-me, ó Espírito Santo,

para que seja santo o meu agir.

Atraí-me, ó Espírito Santo,
para que eu ame o que é santo.

Fortalecei-me, ó Espírito Santo,
para que eu proteja o que é santo.

Protegei-me, ó Espírito Santo,
para que jamais eu perca o que é santo.
Amém.

Santo Agostinho

MINHA DECISÃO

Todos os dias reservarei um tempo para estar com Deus em oração. Farei dela a minha disciplina para crescer e permanecer na fé, pois "a oração é o meio ideal para despertar e desenvolver o 'coração novo' recebido no batismo" (Henri Caffarel).

PROMESSAS DE DEUS

Pedis e não recebeis, porque pedis mal, com o fim de satisfazerdes as vossas paixões.
(Tg 4,3)

A confiança que depositamos Nele é esta: em tudo
quanto Lhe pedirmos, se for conforme à Sua vontade,
Ele nos atenderá. E se sabemos que Ele nos atende
em tudo quanto Lhe pedirmos, sabemos daí que
já recebemos o que pedimos.
(1Jo 5,14-15)

E tudo o que pedirdes ao Pai em Meu nome,
vo-lo farei, para que o Pai seja glorificado no Filho.
Qualquer coisa que Me pedirdes em Meu nome,
vo-lo farei.
(Jo 14,13-14)

Remédio para a traição

A verdadeira mudança não está na palavra, mas no gesto e na verdade.

São Columbano

A traição não está entre as atitudes esperadas em nenhum tipo de relacionamento (família, amizade, trabalho e igreja). Entretanto, é realidade na vida de todas as pessoas. Tanto podemos ser traídos, como também trair quem em nós confiava. A traição traz em si a falta de um verdadeiro amor a Deus e ao próximo. E isso vale principalmente para quem se diz cristão, pois "**o amor de Deus foi derramado em nossos corações pelo Espírito Santo que nos foi dado**" (Rm 5,5). Na Bíblia temos inúmeros testemunhos de traição, mas o mais forte é o de Judas Iscariotes. Ele foi escolhido para ser apóstolo, conviveu durante três anos com Jesus com a intimidade de amigo, ouviu suas pregações, viu seus milagres. A traição mais difícil e dolorida é aquela vinda das pessoas que amamos e em quem confiamos. Quantas famílias são destruídas, amizades desfeitas, ambientes de trabalho e de igreja se tornam um caos, pelo fato de uma ou mais pessoas causarem uma traição. Por que Judas traiu a Jesus? Primeiro é importante não perder de vista que, possivelmente, no início de sua caminhada estivesse agindo com sinceridade. Queria seguir a Jesus. Assim acontece com as amizades, o casamento, o trabalho e o envolvimento na igreja.

Como aconteceu a mudança no coração de Judas? Quando sua atenção não foi mais colocada em Jesus, mas no dinheiro? E mais tarde, além do dinheiro, procurou a proximidade com pessoas de influência para obter vantagens. Em João 12,6 lemos: "**Porque era ladrão e, tendo a bolsa, furtava o que nela lançavam**"; e ao procurar os chefes dos sacerdotes faz uma proposta explícita: "**Que quereis dar-me e eu vo-lo entregarei? Ajustaram com ele trinta moedas de prata**" (Mt 26,15). Por trás dos atos de Judas Iscariotes estava o demônio: "**Satanás entrou em Judas**" (Lc 22,3). Satanás estava procurando um traidor, precisava de alguém próximo a Jesus para feri-lo interiormente, e destruí-lo publicamente. Usou Judas, por ser inclinado para a cobiça, e como estratégia semeou dúvidas em sua mente. O plano satânico para desmoralizar estava pronto: o traidor era um membro do grupo de Jesus. Quem trai cai na armadilha de uma traição também contra si mesmo. A verdadeira tragédia de Judas foi a sua própria autodestruição: o suicídio (cf. Mt 27,3-5). Um dos pais da Igreja disse: "Teria sido bom para o mundo, especialmente para os filhos de Deus, que Judas estivesse só em sua transgressão, que não houvesse mais traidores além dele". Infelizmente, o espírito de Judas continua presente no coração de muitas pessoas do mundo e na Igreja. O primeiro ponto é estar atentos para o demônio não investir contra nós com as tentações que nos levem a trair a confiança de Deus e das pessoas. Santo Agostinho diz: "Quando o demônio nos investe com tentações impuras, ou excita no coração ódios mortais, e nos estimula à vergonha, ou nos molesta com a inveja dos bens alheios...". A atitude do cristão é a de vigiar onde sua mente e seu coração colocam os seus desejos. A cura para quem foi vítima de uma traição é um processo acompanhado de dor, questionamentos, decepção e até desejo de vingança. Para sair desse círculo de destruição emocional, é necessário olhar para a cruz, reconhecendo a grandeza do amor de Jesus. A cruz recorda que os seus braços estão sempre abertos para nos abraçar, e sussurrar em nossos ouvidos: "Eu também fui traído, e continuo sendo traído onde o meu amor não se transforma em perdão, em misericórdia". Aí podemos chorar, desabafar, mas aí também receberemos as forças para continuar caminhando com coragem.

> **TRATAMENTO:** O motivo da traição de Judas foi o dinheiro, e talvez a impressão de que agradando os chefes dos sacerdotes dos judeus alcançaria também algum prestígio ou privilégio. O dinheiro em si não é mau, mas o modo como o conseguimos, sim. Esta tem que ser a primeira cura, o cuidado com a tentação do dinheiro. Se você o ganha com seu esforço, sem fazer mal ao seu semelhante, o dinheiro é abençoado. Você o conseguiu com a bênção de Deus. A outra traição é a que destrói casamentos, amizades e ambientes. Quem trai revela que não ama, pois o amor é fiel. Quem é traído deve fazer suas palavras como as de Isaías 40,31: "Aqueles que contam com o Senhor renovam suas forças; Ele dá-lhes asas de águia. Correm sem se cansar, vão para a frente sem se fatigar".

ORAÇÃO

Senhor, livrai-me da amargura e do sentimento de rejeição que trago comigo. Curai-me, Senhor.

Tocai meu coração com Vossa mão misericordiosa e curai-o, Senhor. Sei que tais sentimentos de angústia não vêm de Vós: vêm do inimigo que tenta me fazer infeliz, desanimado, porque me escolhestes, assim Vos escolhi, para servir e amar.

Enviai-me, pois, Vossos santos anjos para me libertar de toda angústia e de todo sentimento de rejeição, assim como os enviastes para libertar da prisão Vossos apóstolos que, embora injustamente castigados, Vos louvavam e cantavam com alegria e destemor.

Fazei-me também, assim, sempre alegre e grato, não obstante as dificuldades de cada dia. Amém.

MINHA DECISÃO

Pedirei todos os dias o auxílio do Espírito Santo para colocar em minha mente e em meu coração o estado de vigilância. Procurarei sempre buscar o bem de todas as pessoas, estando atento para não ser tentado pelos sentimentos de inveja, antipatia ou críticas maldosas. E, se eu for atingido por uma traição, com a ajuda da Divina Misericórdia, me unirei a Jesus na cruz. Aí encontrarei força para me levantar, consolo para não desanimar e certeza de estar unido à vitória da Sua morte e ressurreição.

PROMESSAS DE DEUS

A ovelha perdida, Eu a procurarei; a desgarrada, Eu a reconduzirei; a ferida, Eu a curarei; a doente, Eu a restabelecerei, e velarei sobre a que estiver gorda e vigorosa. Apascentá-las-ei todas com justiça.
(Ez 34,16)

O perverso trai os segredos, enquanto um coração leal os mantém ocultos.
(Pr 11,13)

Curai-me, Senhor, e ficarei curado; salvai-me, e serei salvo, porque Sois a minha glória.
(Jr 17,14)

Remédio para a velhice

Eu não tenho medo dos anos e não penso em velhice. E digo para você, não pense.[...] Sei que alguém vai ter que me enterrar, mas eu não vou fazer isso comigo.

Cora Coralina

Envelhecer causa medo. Ainda em nossos dias, o envelhecimento é visto como uma fase de perdas e solidão. E, se o segredo estiver em viver a velhice como protagonista, isto é, não saindo de cena, e aprendendo a construir esta nova etapa como uma continuidade normal da vida? Os anos passam para todas as pessoas, e, quem sabe, mais rápido do que gostaríamos. A vida é um contínuo avançar no tempo. Para nascer, temos de sair do ventre da mãe; da infância, entramos na juventude e aí chega a fase adulta. Ainda imaginamos a velhice como algo distante, presente na vida das outras pessoas. De repente, acordamos e percebemos que os anos passaram. E esse momento chamado de terceira idade, melhor idade ou velhice nos assusta. Quando começa essa fase? Quantas vezes já ouvi repórteres jovens dizendo: "Uma senhora idosa de 57 anos foi assaltada". Essas palavras demonstram como ainda não se entendeu a verdade contida em um provérbio judaico: "Para o ignorante, a velhice é o inverno; para o instruído, é a estação da colheita". Todos deveriam se preparar para essa fase da vida desde cedo. Um famoso ator de cinema americano, Fred Astaire, disse: "Só é capaz de viver bem quem aceita seu envelhecimento e aproveita a oportunidade da velhice". Esse é o testemunho de inúmeras pessoas da terceira idade. João XXIII foi eleito Papa aos 77 anos, e conduziu a Igreja a uma profunda renovação; São João Paulo II, apesar de debilitado pela doença, contagiava os jovens; Papa Francisco assumiu o pontificado aos 75 anos, trazendo um novo vigor missionário para a Igreja; um dos maiores violonistas, Andre Segóvia, participava de concertos de música clássica aos 92 anos; Pablo Picasso, considerado um gênio da pintura, aos 90 anos ainda pintava quadros. Poderíamos argumentar que esses exemplos constituem uma exceção. Afinal, todos foram ou são famosos. Eles servem como estímulo para entender que a velhice não precisa ser uma época em que a pessoa fica sem atividade, às vezes até colocada de lado pela própria família, como se a vida tivesse perdido o prazo de validade. Também não podemos ignorar que a velhice é acompanhada por uma série de alterações do corpo, aparência, diminuição da vitalidade, fragilidade da saúde e para muitos o escasso sustento pela Previdência Social. Um dos segredos para viver bem a velhice, mesmo com as suas possíveis limitações, é não ficar parado. Uns preferem continuar trabalhando, e outros aproveitam para relaxar com as mais diferentes atividades. Também existem aqueles que dedicam parte do seu tempo para fazer o bem junto a alguma entidade. E também é necessário cuidar da saúde, não sendo sedentário, praticando algum esporte e tendo cuidado com a alimentação. O importante é não se isolar, manter-se em contato com as pessoas. Não podemos esquecer as sábias palavras do Papa Francisco: "A velhice é um tempo de graça, no qual o Senhor nos renova o seu chamado: chama-nos a guardar e transmitir a fé, chama-nos a rezar, especialmente a interceder; chama-nos a ser solidários com os necessitados... Os idosos, os avós, têm uma capacidade particular de compreender as situações mais difíceis: uma grande capacidade! E, quando rezam por essas situações, a sua oração é forte, é poderosa!". O Papa São João Paulo II completa: "O justo não pede para ser privado da velhice nem do seu peso; antes pelo contrário: '**Vós sois a minha esperança, a minha confiança, Senhor, desde a minha juventude.** [...]. **Agora, na velhice e na decrepitude, não me abandoneis, ó Deus; para que narre às gerações a força do Vosso braço, o Vosso poder a todos os que hão de vir**' (Sl 71/70,5.18). Também no momento da doença, o homem é chamado a viver a mesma entrega ao Senhor e a renovar a sua confiança fundamental Naquele que '**sara todas as enfermidades**' (cf. Sl 103/102,3). Quando toda e qualquer esperança de saúde parece fechar-se para o homem — a ponto de o levar a gritar: '**Os meus dias são como a sombra que declina, e vou-me secando como o feno**' (Sl 102/ 101,12) —, mesmo então o crente está animado pela fé inabalável no poder vivificador de Deus. A doença não o leva ao desespero nem ao desejo da morte, mas a uma invocação cheia de esperança: '**Confiei mesmo quando disse: Sou um homem de todo infeliz**' (Sl 116/115,10); '**Senhor, meu Deus, a Vós clamei e fui curado. Senhor, livrastes a minha alma da mansão dos mortos; destes-me a vida quando já descia ao túmulo**' (Sl 30/29,3-4)".

TRATAMENTO: O melhor modo para lidar com a velhice é não se deixar dominar pelas possíveis limitações que lhe são próprias. Hoje se sabe que muitas das doenças atribuídas à chegada da idade mais avançada têm como causa maus hábitos alimentares, falta de exercício e o isolamento a que a pessoa se submete. A solução está em mudar para uma dieta equilibrada, dentro de suas possibilidades, fazer exercícios regulares, como caminhada, ou alguma outra coisa orientada por algum profissional. E jamais esquecer a importância da prática da fé: a oração com a Bíblia, a missa, a confissão regular, e algum trabalho voluntário na comunidade.

ORAÇÃO

Prece da melhor idade

Senhor, alcancei em minha vida,
com o auxílio da Tua graça,
o estágio da terceira idade,
e hei de continuar vivendo intensamente,
com familiares e amigos, tudo o que a vida ainda tem para mim.

Ofereço-Te as sementes que geraram frutos,
os sonhos realizados,
as experiências vividas até agora.

E, sobretudo, a força do Teu amor
que me permite conservar o espírito jovem e aberto.

Ó Deus de misericórdia, dá-me saúde para lutar e servir,
sabedoria para instruir e dialogar com os mais jovens.

Inspira-me a manter viva a fé, com otimismo,
alegria e esperança.

Afasta o cansaço e o medo do futuro.

Ajuda-me a confiar nos Teus cuidados amorosos.

Agradeço pela missão a mim confiada,
e permite-me celebrar o dom da vida
em muitos verões e primaveras.

Amém.

MINHA DECISÃO

Farei minhas as palavras deste pensamento: "Não importa qual seja a minha idade atual: jovem, meia idade ou velho. A idade é um estado da mente e dos meus interesses que devem sempre estar voltados para o futuro, para a frente, para o amanhã". Também desenvolverei algo para permanecer sempre ativo, mantendo-me ligado às pessoas, por meio dos laços familiares e das amizades.

PROMESSAS DE DEUS

Os cabelos brancos são uma coroa de glória a quem se encontra no caminho da justiça.
(Pr 16,31)

Permanecerei o mesmo até vossa velhice,
sustentar-vos-ei até o tempo dos cabelos brancos;
Eu vos carregarei como já carreguei,
cuidarei de vós e preservar-vos-ei.
(Is 46,4)

É por isso que não desfalecemos.
Ainda que exteriormente se desconjunte nosso homem exterior, nosso interior renova-se de dia para dia.
(2Cor 4,16)

Remédio da Eucaristia

Jesus Cristo quer de tal modo se unir conosco, pelo amor ardente que nos tem, que nos tornemos uma só coisa com Ele na Eucaristia.

São João Crisóstomo

Na Quinta-Feira Santa, Nosso Senhor e Salvador Jesus Cristo celebrou a última ceia com os apóstolos. À primeira vista, parece estranho uma pessoa reunir os amigos para uma refeição na véspera de sua morte. Naquela noite, Jesus também estava pensando em você: "**Como amasse os seus que estavam no mundo, até o extremo os amou**" (Jo 13,1). A Eucaristia não foi celebrada apenas para ser lembrada, mas é o meio escolhido para Ele estar presente entre nós. Como? No passado, esteve entre os homens, assumindo a nossa condição humana. Pregou a Palavra, consolou os aflitos, libertou os oprimidos, curou os doentes, perdoou os pecadores, chamou à conversão. Ele tinha que voltar para o Pai e estar continuamente conosco. A solução foi dada na última ceia, quando Ele tomou o pão e o vinho, dizendo: "**Tomai, isto é o Meu corpo [...]. Isto é o Meu sangue...**".
Quais as consequências práticas dessa presença de Jesus entre nós? Destaco dois pensamentos:

O primeiro, de Tomás de Kempis, na *Imitação de Cristo*: "A Eucaristia é a saúde do espírito, alma e corpo, remédio de todas as enfermidades. Cura os vícios, reprime as paixões, vence as tentações, comunica maior graça e virtude, confirma a fé, fortalece a esperança, inflama e dilata a caridade".

O segundo, de Santo Afonso Maria de Ligório: "As graças que não se alcançam na missa, dificilmente se obtêm fora dela".

A Eucaristia é o meio mais poderoso que Deus nos deu. Na oração, Deus nos comunica seus dons; na Eucaristia, Jesus se dá: "**Quem come a Minha carne e bebe o Meu sangue permanece em Mim e Eu nele**" (Jo 6,56). O poder da missa está no que acontece no altar. Quando Deus olha para o altar, vê a presença do sacrifício da cruz. O Corpo e o Sangue oferecidos no Calvário se tornam aí presentes. O altar se torna a fonte das graças, do qual devemos nos aproximar, cheios de confiança, para obter a misericórdia e a graça mais oportuna. Para tal maravilha acontecer, nosso olhar também precisa estar no altar. É necessário seguir os atos do sacerdote, que age em nosso nome. Quando ele oferece o pão e o vinho, ofereçamos com ele a nossa vida. O pão constituído de grãos de trigo triturados, o vinho feito de bagos de uva, esmagados e formando uma única bebida, tornam-se a imagem da nossa união com Cristo. No momento da consagração, nossa vida está no altar e o sacerdote pede ao Pai o Espírito Santo, para que o pão e o vinho se tornem o Corpo e o Sangue de Cristo. Se estamos unidos a Cristo no Seu sacrifício, Ele nos toma Consigo, nos faz participar do Seu sacrifício e nos leva à presença do Pai. Ele não morre mais, porque já deu Sua vida no Calvário, mas, se nos colocamos com Ele no altar, receberemos o poder da cruz. "**Carregou os nossos pecados em Seu corpo sobre o madeiro para que, mortos os nossos pecados, vivamos para a justiça. Por fim, por Suas chagas fomos curados**" (1Pd 2,24). Essas graças não acontecem apenas porque estamos presentes; é necessária a disposição interior de união com Jesus. A cada missa, existe um fluir de bênçãos à nossa disposição; basta participar com a mente, os olhos, os ouvidos e o coração, prontos para deixar Deus nos transformar com o poder do altar.

> **TRATAMENTO:** Os frutos da missa são inesgotáveis, porque são os frutos do sacrifício de Cristo. Temos o privilégio de nos unir ao próprio Jesus no altar, e isso deve criar em nosso coração um desejo intenso de estar com Ele. Aproveitaremos os frutos inesgotáveis da missa, preparando-nos para entrar na presença de Cristo e colocar a nossa vida no altar, junto com a oferenda do pão e do vinho. Fazemos isso, chegando algum tempo antes do início da missa. Devemos pedir ao Espírito Santo que nos permita viver as duas presenças de Jesus: a primeira, pela Palavra; e a segunda, no altar. Desse modo, a missa se tornará uma necessidade, e não obrigação. Ela será um encontro de corações, onde Jesus manifestará a sua força em nossa fraqueza. E a missa continuará, pois quem comunga Cristo passa a levar Cristo, para atrair todos para Cristo.

ORAÇÃO

Ó Deus eterno e todo-poderoso, eis que me aproximo do sacramento do Vosso Filho único, Nosso Senhor Jesus Cristo. Impuro, venho à fonte da misericórdia; cego, à luz da eterna claridade; pobre e indigente, ao Senhor do céu e da terra. Imploro, pois, a abundância da Vossa liberalidade, para que Vos digneis curar minha fraqueza, lavar minhas manchas, iluminar minha cegueira, enriquecer minha pobreza, vestir minha nudez. Que eu receba o Pão dos anjos, o Rei dos reis e o Senhor dos senhores, com respeito e humildade, com contrição e devoção, com a pureza da fé, com o propósito e a intenção que convêm à salvação de minha alma. Dai-me que receba não só o Sacramento do Corpo e do Sangue do Senhor Jesus Cristo, mas também seu efeito e sua força.

Ó Deus de mansidão, fazei-me acolher com tais disposições o Corpo que Vosso Filho único, Nosso Senhor Jesus Cristo, recebeu da Virgem Maria. Que eu seja incorporado ao seu Corpo Místico e contado entre seus membros. Ó Pai cheio de amor, fazei que, recebendo agora Vosso Filho sob o véu do sacramento, possa eternamente contemplá-lo face a face.

Amém.

Santo Tomás de Aquino

MINHA DECISÃO

Na missa terei um encontro pessoal com Jesus, chegarei sempre adiantado para me preparar espiritualmente para esse momento tão privilegiado. Guardarei como um tesouro em meu coração a certeza de que a missa não é uma simples reunião religiosa de oração, mas uma "Pessoa" (Romano Guardini).

PROMESSAS DE DEUS

Eu sou o pão vivo que desceu do céu.
Quem comer deste pão viverá eternamente.
E o pão, que Eu hei de dar, é a Minha carne
para a salvação do mundo.
(Jo 6,51)

Se não comerdes a carne do Filho do Homem,
e não beberdes o Seu sangue,
não tereis a vida em vós mesmos.
(Jo 6,53)

Assim como o Pai que Me enviou vive,
e Eu vivo pelo Pai, assim também aquele que
comer a Minha carne viverá por Mim.
(Jo 6,57)

Apêndice I

As cinco leis espirituais

PRIMEIRA LEI ESPIRITUAL:
Deus ama você.

"Com efeito, de tal modo Deus amou o mundo, que lhe deu Seu Filho único, para que todo o que Nele crer não pereça, mas tenha a vida eterna."
(Jo 3,16)

A maior necessidade de todas as pessoas é a de se sentirem amadas. E o motivo é muito simples: somente quem se sabe amado é feliz.

Então, como explicar a presença de tanto mal no mundo?

SEGUNDA LEI ESPIRITUAL:
O pecado nos impede de viver o amor.

"Todos pecaram e todos estão privados da glória de Deus."
(Rm 3,23)

O pecado está dentro de nós, como uma força nos levando a fazer o mal. Será possível? Quando, em nossos pensamentos, palavras e atitudes, somos dominados pela malícia, inveja, mentira, rancor, desonestidade... aí está o pecado.

O próprio Deus providenciou a solução para o pecado: Jesus Cristo.

TERCEIRA LEI ESPIRITUAL:

Jesus Cristo é o remédio para o pecado.

"Mas eis aqui uma prova brilhante de amor de Deus por nós: quando éramos ainda pecadores, Cristo morreu por nós."
(Rm 5,8)

O cristianismo não começa dizendo o que devemos fazer, mas revelando o que Deus fez por nós. Jesus morreu em nosso lugar na cruz. Deus não cobra esse ato de amor, apenas indica o quanto valemos. Ele não olha para a gravidade de nossos erros, mas nos dá a oportunidade de um novo começo.

QUARTA LEI ESPIRITUAL:

Você precisa aceitar a Jesus.

"Portanto, se com tua boca confessares que Jesus é o Senhor, e se em teu coração creres que Deus o ressuscitou dentre os mortos, serás salvo."
(Rm 10,9)

Deus já tomou a iniciativa, veio até nós na pessoa de Jesus Cristo. Agora temos de fazer a nossa parte: aceitar esse presente de amor. Não devemos ter medo de dar esse passo. O importante é abrir o coração e deixar Jesus entrar.

Você pode agora convidar Jesus a entrar em sua vida:

Senhor Jesus, eu preciso de Ti. Eu Te agradeço por teres morrido na cruz pelos meus pecados e ressuscitado para me abençoar com a vida nova em Deus. Abro a porta da minha vida e Te recebo como meu Salvador e Senhor. Guia-me pelos Teus caminhos de amor, paz e alegria. Amém.

QUINTA LEI ESPIRITUAL:
Quem tem Jesus, caminha com a Igreja.

"Perseveravam eles na doutrina dos apóstolos, na reunião em comum, na fração do pão e nas orações."
(At 2,42)

A Igreja é o meio escolhido por Jesus para reunir todos os seus discípulos. Por meio dela, Ele continua a pregar a Palavra, a perdoar os pecados, a curar as enfermidades, a libertar das forças malignas e a se oferecer em alimento e remédio na Eucaristia (a santa missa). Não existe cristão sem Igreja, porque ela nasceu da própria vontade de Jesus.

Apêndice II

A oração dos cinco dedos

O **polegar** é o que fica mais próximo de nós. Assim, comece rezando pelas pessoas que ficam mais próximas. Elas são as mais fáceis de lembrar. Ore pelos seus entes queridos: cônjuge, filhos, pais, irmãos, parentes e amigos.
O dedo seguinte é o **indicador**. Reze por aqueles que ensinam, instruem e curam. Isso inclui os professores, médicos e sacerdotes (pelo papa e pelos bispos). Eles necessitam de apoio e sabedoria para indicar a direção certa para os outros. Mantenha-os em suas orações.
O próximo dedo é **o mais alto**. Ele lembra nossos líderes. Reze pelo presidente, governador, prefeito e demais autoridades. Essas pessoas dirigem a nação e precisam da direção de Deus. Lembre-se de que feliz é a nação cujo Deus é o Senhor.
O quarto é o **anelar**. Para surpresa de muitos, esse é o nosso dedo mais fraco, como pode atestar qualquer professor de piano. Ele deve nos lembrar de rezar pelos que são fracos, que estão em aflição ou dor. Essas pessoas precisam de nossa oração permanentemente.
O quinto e último dedo é o **mínimo**, o menor de todos. É dessa forma que devemos nos colocar diante de Deus. O mindinho deve nos lembrar de rezar por nós mesmos. Depois de rezar pelos outros quatro grupos, nossas próprias necessidades terão sido colocadas na perspectiva correta e seremos capazes de rezar por nós de forma mais eficaz. Amém!
Sempre que olhar para sua mão, portanto, lembre-se de rezar.

Dez passos para ser feliz, segundo o Papa Francisco

PRIMEIRO:
Viver e deixar viver

Em Roma, as pessoas usam uma expressão similar que diz: "Siga adiante e deixe que os outros sigam também". Viver e deixar viver é o primeiro passo para a paz e a felicidade.

SEGUNDO:
Doar-se aos outros

Se uma pessoa não se abre com os outros, ela corre o risco de ser egoísta. E a água represada é a primeira a se tornar suja.

TERCEIRO:
Ser tranquilo

O Papa, que costumava lecionar literatura, usou uma imagem de um romance rural argentino de Ricardo Guiraldes, no qual o protagonista, Dom Segundo Sombra, lembra o passado e avalia como viveu a vida: com ética, lealdade e respeito pelo próximo.

QUARTO:
Um saudável senso de lazer

O consumismo nos levou a essa ansiedade de perder a saudável cultura do ócio, de ler, de desfrutar a arte. Agora eu ouço poucas confissões, mas em Buenos Aires eu ouvia as confissões de muitas pessoas. E quando vinha até mim uma mãe jovem eu perguntava: "Quantos filhos você tem? Você brinca com seus filhos?". Era uma pergunta que não se esperava, mas eu dizia que brincar com os filhos é a chave, é um hábito sadio. É difícil, os pais saem para trabalhar cedo e, às vezes, voltam quando os filhos estão dormindo. É difícil, mas é algo necessário.

QUINTO:
Compartilhar o domingo com a família

Outro dia, em Campobasso (cidade italiana), fui a uma reunião entre o mundo universitário e o mundo operário. Todos pediam que não houvesse trabalho aos domingos. O domingo é para a família.

SEXTO:
Ajudar os jovens a encontrar emprego

"Se faltam oportunidades, eles caem nas drogas. E o índice de suicídio entre os jovens desempregados está muito alto", observou o Papa Francisco. "Não é suficiente dar comida a eles, é preciso inventar cursos de um ano de encanador, eletricista, costureiro. Você obtém dignidade quando consegue levar comida para dentro de casa."

SÉTIMO:
Cuidar da natureza

Há que cuidar da criação e não estamos fazendo isso. É um dos maiores desafios que temos.

OITAVO:
Ser positivo

A necessidade de falar mal de alguém indica uma baixa autoestima. É como dizer: sinto-me tão em baixo que, em vez de subir, rebaixo o outro. Esquecer-se rapidamente do negativo é muito mais saudável.

NONO:
Respeitar quem pensa diferente

Nós podemos inquietar o outro a partir de testemunhos, assim crescemos juntos ao nos comunicar. Mas a pior coisa é o proselitismo religioso, que paralisa: "Eu falo com você para convertê-lo". Não. Cada um dialoga a partir de sua identidade. A Igreja cresce por meio da atração, não do proselitismo.

DÉCIMO:
Trabalhar pela paz

Estamos vivendo uma época com muitas guerras [...]. A guerra destrói. É preciso gritar o clamor pela paz. Às vezes, a paz passa a ideia de quietude, mas ela nunca é silenciosa, é sempre uma paz ativa.

Pe. Alberto Gambarini é Pároco da Paróquia-Santuário N. Sra. dos Prazeres e Divina Misericórdia em Itapecerica da Serra, apresentador do Programa Encontro com Cristo na Rede Vida de Televisão e outras emissoras, autor de diversos livros de espiritualidade. Seus livros foram lidos por milhões de leitores, e é acompanhado por milhares de pessoas nas Redes Sociais. Tem como inspiração de sua vida " anunciar Jesus misericordioso com a alegria de Maria."

f PadreAlbertoGambarini

@padrealberto_

padrealbertogambarini

TV Encontro com Cristo

www.encontrocomcristo.com.br

Horários do Programa Encontro com Cristo

Rede Vida de Televisão
De Segunda à Sexta-feira às 06h30 e as 17h30
Domingo às 17h00

Querido amigo e amiga

Se este livro ajudou você a crescer espiritualmente, mande-me o seu testemunho. Tenha a certeza de que estarei rezando por você. Se desejar conhecer os meus outros livros, entre em contato com a minha equipe:

Escreva para:

Padre Alberto
Caixa Postal 32
06850-970 – Itapecerica da Serra – SP

ou pelo telefone (11) 4667-4353
(de segunda a sexta-feira das 8h às 18h)

Conheça também o nosso *site*:
www.encontrocomcristo.com.br